樂律

馬澤中，劉曄—著

假想阻礙、焦慮傳遞、不配得感……
從心理創傷到情感復原，
如何在愛中治癒自己與他人？

婚姻共生學

Q 複雜親密關係背後的心理成因

移情 當來訪者愛上了諮商師｜**反向連結** 來自孩子的威脅和報復
糾纏型依賴 婚外情背後的戀父情結｜**自我不配得感** 用光環開啟自我保護模式

🌹 情感創傷　🌹 親密關係　🌹 婚姻家庭　🌹 自我認知
重塑對愛與婚姻的看法，分析親密關係中的理想與現實

目錄

目錄

目錄

序言 1

　　時至今日，我已在心理諮商的領域工作了十六年，在諮詢室裡見證過很多不同的婚姻情感故事。每個故事都有屬於它自己的人生版本，每個版本也都有它背後的色彩溫度。於是我把這些婚姻中的真實情感故事凝鍊成為二十篇文章，希望這些典型的心理諮商故事，能夠為讀者帶來一些收穫和啟發。

　　「透過閱讀別人的生命故事，來感受自己的生命故事」，這是我在諮商的過程中常常告訴自己的一句話。我希望透過這本書來表達我對於親密關係的觀點，比如，「關係是一切，一切是關係」。我也希望透過這本書來傳遞我對於婚姻情感的認知，比如，「在情感關係裡，我們要學會形成愛自己和建構自己的能力」。

婚姻的形態

　　在上萬小時的諮商案例中，如果讓我用詞語來描繪婚姻的形態，我大概很難找到一兩個詞語來全面概括。所以，在

這裡我想根據不同的人生走向，先將我看到的婚姻做一下簡單的分類。

首先是諮商裡最為常見的離婚走向。根據不同緣由，離婚也可以分成不同形態：

第一種就是婚外情，這也是大眾輿論十分關注的話題。第二種就是在實際生活當中，雙方因為家庭關係衝突所導致的離婚。第三種就是現在年輕族群中出現得越來越多的閃婚閃離的情況。第四種是孩子教育問題所引發的夫妻矛盾更新所導致的離婚。還有一種就是長期累積的矛盾衝突讓婚姻逐漸渙散直至坍塌的情況。

其次是現實生活中最為普遍的已婚狀態，我們可以透過對其賦予形象化的名稱來進行認知：

第一種是我們現在越來越常提到的喪偶式婚姻，在這種婚姻裡，夫妻中通常只有妻子一方在養育孩子上有發揮實質性的功能。相比之下，男方的角色則是高度缺失的，無論是身為丈夫的職能，還是做為父親的功能，都面臨一定程度的缺失。這種婚姻的比例其實很高，而且越是外人眼中的成功家庭，這種婚姻情況就越明顯。

第二種就是無性婚姻，這種過去比較敏感的議題現在也逐漸被我們放在陽光下來進行討論。無論是兩地分居，還是更為常見的家庭內部的房間分居，都存在著很高比例的無性

婚姻。這些夫妻，表面上還共同生活在一個家庭之中，共同履行家庭的責任義務，比如父母的贍養和孩子的教育等。但實際上，雙方已經長達多年生活在無性的婚姻狀態裡面。

還有一種就是空殼婚姻，這是心理諮商裡面出現機率比較高的一種已婚狀態。在這樣的家庭裡，婚姻如同一個空殼一般，沒有情，也沒有愛。夫妻關係很是冷漠，兩個人晚上回到家裡面就各自過各自的生活，沒有任何共同經營的生活體驗，只是養育孩子和贍養老人。

最後，還有一種更極端的情況就是策略婚姻。夫妻長期冷戰到了相互仇視的地步，但是出於各種現實理由難以離婚，就各自活在各自的世界裡，兩個世界彼此隔離。在這樣的婚姻裡，雙方只是保留著法律意義上的婚姻形式，只會在重要的對外儀式上相約出席，除此以外，如同陌生人一般。

婚姻的形態在離婚和已婚之外，還有事實婚。

一種事實婚形式是雙方沒有登記結婚，但是兩個人共同生活在一起。這種情況下，通常是男方同時經營兩個家庭，在第一個家庭的基礎上又以事實婚的形式組建了一個新的家庭。而關係中的兩個女方，可能彼此知曉對方的存在，也可能一直處於被隱瞞的情況下，等待著未來的某種爆發。

另外一種事實婚形式就是屋內離婚，雙方離婚不離家。這些夫妻在離婚之後，還維持著實質性的夫妻關係和家庭關

係。這種法律意義上的離婚更多是出於現實的考量，比如為了拆遷，為了孩子上學或是出國移民。所以離婚之後，雙方並不去做真正的關係分離。

婚姻的變化

回顧社會發展歷程，我們會發現，過去幾千年裡十分穩定的家庭結構單位，現在早已受到了急遽性的衝擊。其中，被衝擊最大的就是「六年級」家庭和「七年級」家庭。在各方面的衝擊下，這些家庭更多地變成了經濟結合體，讓利益成為家庭結構中最重要的形成因素和破壞因素。新一代的「八年級」家庭，也在面臨著前所未有的考驗。

需要承認的是，當代婚姻已經很難再為人們提供傳統家庭的基本元素了。原本最為核心的愛的契約，在法律契約、社會契約和經濟契約之下，也已經變得越來越脆弱。於是，當代婚姻越來越脫離情感、性和生育的主題，成了一個複雜不定的多元載體。

在家庭結構的衝擊之下，還存在著一個隱性的心理衝擊，使得我們幾代人都面臨著心理結構的重建。在重建的過程之中，家的意義是什麼？愛的意義又是什麼？現在我們很

難做出一個讓人滿意的答覆了。

婚姻變革也會為我們帶來另外一個層面的空間，就是讓更多的人去追求自己想要的東西。多元化意味著更多的可能性，讓我們想要去實現來自家庭外部的可能性。這裡面我們感受尤為強烈的就是兩性平等的訴求，它為女性提供了前所未有的機會和選擇，有更大的選擇空間去孕育更多元化的家庭結構。

可與此同時，我們的家庭文化卻沒有得到同步的建構。隨之而來的，就是我們的親密關係開始不斷出現問題，我們對於情感婚姻的心態也隨之出現問題，於是我們所在的家就會生病。這裡的邏輯關係在於，首先是家裡有人生病了，這個家才會生病。於是，長期生活在家裡的人們，就會產生很多心理問題和不良應對模式。更可悲的是，我們的孩子也逐漸從父母身上習得了這些問題。

我們試圖透過這本書裡的諮商故事來做一些探討。嚴肅來說，我們需要對家庭文化進行重組；輕鬆一點來說，我們的個人家庭要有屬於自己的家風。在這個家裡，除了有看得見的房屋居所和柴米油鹽日常開銷，還要有流動的關係和流動的能量。這是我們建構家庭文化的核心。

對婚姻的認知

在婚姻現實性變革的同時，我們對婚姻的認知也發生著改變。從理性主義時期到浪漫主義時期，再到當下，我們進入了兩者相互交替影響的動盪時期。從人性發展的角度來看，它展示了人們以自我為中心的人性釋放的願望。但是從現實的角度來看，浪漫主義和理性主義無論如何交替或融合，我們的情感終究要在現實生活中落腳。但是我們也會看到，很多對婚姻懷抱著高度熱忱和高度期待的人，往往並不具有將情感生活融入現實的能力。

所以，在當下，我們需要對關係進行整合。很多時候，我們對關係的理解是支離破碎的，於是很多人開始奉行各式各樣的婚姻形式主義。如果我們從整合的角度來理解關係，那麼婚姻形式就是我們對自身利益多元考量之後所做出的一個最佳決策。如果我們從整合的角度來理解情感，那麼浪漫主義更多的是我們對於理性主義缺失的一種補償。我相信，透過我們的不斷了解和努力，情感和關係是可以在整合之中取得一個平衡點的。

很多社會學家也猜想過，未來數百年後的人類社會，也許已經不存在家庭這個社會結構單位了。我們也可以幻想一下，如果未來人類的情感可以獲得完全意義上的自由，我們

親密關係的形態會變成什麼樣子，我們脫離契約束縛的情感又會變成什麼樣子。在幻想中我們也許會看到，自己最在意和最想獲得的到底是什麼。

在婚姻局限性越來越明顯的時候，人們的心理訴求就會越來越強烈。在追求安全性和獨立性的過程中，每個人都會有屬於自己的陣痛。身為一個諮商心理師，我希望大家能夠建構出可以對其進行依賴的個人支持系統。這個支持系統來自情感依賴和精神依戀，而核心的依賴和依戀對象，是需要我們去尋找和建構的，它可以是親密關係，可以是興趣愛好，也可以是專業的諮商心理師。

希望這本書能夠讓你對親密關係多一點理解和了解，對婚姻內外的自我成長多一些覺察和期待。如果你能從中感受到更多關係的可能性和生命的豐富性，我會深感欣慰和幸福。

出於對來訪者的隱私的保護，來訪者資訊和經歷均已經過加工改編。

馬澤中

序言 1

序言 2

　　2012 年的初秋，我進入大學，開始了對心理學理論的學習，時至今日已然 7 年有餘了。那時，我印象最深的有關親密關係的心理學知識，就是史坦伯格（Robert Sternberg）的愛情三角理論（The triangular theory of love）和約翰・鮑比（John Bowlby）的依附理論（Attachment theory）。隨後，我前往英國學習行為心理學，用更為精巧複雜的經濟學模型來預測人們在情感關係中的行為決策。

　　可是我會覺得，這些離我想要的東西始終隔了一層。我感受到，黑白分明的理論框架難以概括現實關係的灰色空間，高度精確的群體機率也難以揭示個體屬性的人性幽微。於是，在不斷的自我懷疑與自我省思中，我漸漸看到了自己當下的前進方向：我想要從理論走向實際，從群體走向個體，從白紙黑字的文獻理論走向色彩鮮活的生命故事。

　　今年年初，我開始跟馬澤中老師學習心理諮商，並在案例討論的過程中，一起形成了寫這本書的最初想法。馬澤中老師身為一名工作數十年的資深諮商心理師，在長年累積的情感婚姻諮詢案例中，沉澱出了深透而又凝鍊的思考認知。

在創作過程中，我們以馬澤中老師的真實諮商案例為素材，對典型內容進行回顧、討論、加工和分析，最終形成了這本書裡關於情感與人生的二十篇文章。身為這些故事的第一聽眾，我有著很多見聞和感受。我相信，身為讀者的你們，也會有和我相似相通的共鳴。所以，我想把我體會最深的部分呈現出來，希望能和你們在這裡或是在隨後展開的篇章字句中，相遇和連結。

親密關係眾生相

在隨後的文字中，我們想要展現出一個位於灰色空間的人性夾層世界。這個世界，瀰漫著焦慮不安的情緒，存在著利弊得失的衡量，也時刻浮現著我們想要抵抗喪失與孤獨的掙扎。在我們的社會文化結構體系裡，人們被關係和角色所定義，被言行和輿論所標籤。在這裡，我們想要撕下種種標籤，讓每一個個體能夠暫時得以從社會關係屬性中走出來，以最為純粹的生命形式被我們看見。

我們會看到，不同的人承載著不同的家庭議題，形成不同的個人模式，進入不同的人生際遇，選擇不同的生命走向，然後在這個終其一生的過程裡甘苦自知，起落自渡。因

此，我們想要在這個脈絡中找到玄機所在，從而尋求對自我和世界的掌控感。

當代婚姻之殤

如今的我們獲得了極大的婚姻自由，也感受著難以言說的時代陣痛。人們帶著各自的理由走進婚姻，然後在法律、經濟、親子、情感和道德等層面獲得多方的保護與約束。各個層面的議題纏繞交織，形成婚姻的內部結構與外殼，使得有些親密關係愈加穩定；使得有些親密關係在權衡下苟且殘存，讓婚姻變成了一個用人性來約束人性的工具；也使得有些親密關係走向解體，為整個人生掀起驚濤駭浪。

婚姻出軌和關係不忠，始終是心理諮商無法迴避的核心議題。在這裡，我們嘗試放下社會文化體系的批判，用理解的視角去觀看它是如何發生的。當我們難以脫離人性道德的層面去理解時，我們不如把人放在更大的自然視角之下，用理解萬物生長的方式去理解人。為了去獲得關係之中的關注、理解、接納和支持，人們往往是可以不惜代價的。多一分清醒的懂得，也就多一分對人性的把握，少一分情感的傷害。

創作人生之書

在回顧諮商走向的時候，其實我多少是有過失望的。我能夠覺察到，這份失望源於不切實際的期待，期待會有驚人之語將人從迷霧中點醒，然後將人從泥沼中拖出。因為我們都渴望被理論知識投餵，渴望被實踐技術拯救，渴望透過被武裝的心理學頭腦來獲取愛情理論中的完美模樣。

然而這個世界終有壁壘，理論難以穿越現實的邊界，諮商室與真實世界也存在著一牆之隔。心理諮商裡鮮有偈頌和頓悟，有的多是細水長流和萬般索求。我們終需親手翻開自己的人生之書，在創作中不斷修整固有的自我模式，然後迎來更為燦爛的篇章。

童話已然式微，再難有純粹主義賦予我們標準；選擇也已超載，我們在眼花撩亂的自由世界裡也還是難以找到滿意的人生選擇集。可也正在此時，我們能夠專注於自己的生命，以自身屬性為引子，以自我訴求為目標，透過不斷地擬合，建構出最能適應自我的人生體系。於是我們會發現，為自己設計人生，是一件何其美妙的事情。

劉曄

第一章　情感創傷

糾纏型依賴：
婚外情背後的戀父情結

——「在一段糾結情愛裡，我們彼此相愛的前提是對於生命的尊重與熱愛。」

·········· 諮商案例 ··········

這個案例是一個女下屬和一個男上司的故事。來訪者是一個來自外地的大學畢業生，畢業後在一家民間企業工作。身為一個剛畢業的二十五歲女孩，她長相、能力等各方面都很出色，剛開始只是做一些行政祕書的工作。她的老闆是一個「四年級生」，比她大了將近 20 歲。這個故事的轉捩點是在他們去海外出差的時候，他們兩個人談成了一筆很大的案子。當天在慶功晚宴的時候，在喝了很多酒的情況下，老闆向她表達了對她的喜歡。於是那天晚上，兩個人就發生了第一次性愛關係。

自此之後，女下屬和老闆的關係就開始變得不一樣了。之前她對老闆更多的是對父親的感覺，並且欣賞這種有事業心，有上進心，同時穩定、安全、可靠的男性。而這個老闆是非常了解女性心理的。她後來了解到，老闆在她之前就已經和至少兩個女助理發生過地下戀情，後來都以資助出國留

學或者開店的方式讓她們離開了。所以這個女孩至少等同於
這個老闆物色的第三個情婦。自此之後，他們開始了長達八
年的婚外情關係。

　　她來找我做諮商的時候已經三十幾歲了，剛剛經歷流
產。老闆對於她而言，不僅像父親一樣給她庇護，還像男朋
友那樣給予了她很多的寵愛。另外，老闆對她在工作中的認
可還讓她從中獲得了很多的存在感、成就感和價值感。這種
複雜的感情讓她一直不認為她和老闆的關係僅僅只是一種純
粹的包養關係。即使老闆在她身上也花了很多錢，但她從來
不追求奢侈品，也從不要房和車。她一直希望透過自己的努
力和奮鬥，去獲得老闆的認可和需求。

　　而對於老闆來說，她一方面充當著他情感與性的依戀者
和慰藉者，另一方面還充當著自己事業的幫助者和支持者。
所以他們的關係因此而變得很糾結、很複雜，她想要放棄但
又不捨得放棄這段關係，覺得未來遙遙無期，失去希望。在
這種複雜糾結中，她選擇走進了諮商室。

⋯⋯⋯ 與男性疏離、隔絕的背後 ⋯⋯⋯

　　這樣一個糾結的過程，也涉及她的原生家庭。她從小家
庭條件就相對比較窮苦，父母都是做小生意的。關鍵是在她

小學沒畢業的時候，她的爸爸就生病過世了，而媽媽卻沒有在這時候獨立起來。所以她就承擔起了整個家庭的重任，從國中開始就變得十分好勝而且獨立。

那麼這就意味著，她在和男性的關係上一直都處於疏離和隔絕的狀態。她在大學畢業之前一直沒有正式交過男朋友，在男性關係上疏離、隔絕的背後，是深層的父愛缺失，以及深層的依賴和依戀。當她進入職場工作之後，她內心一直渴望尋找一個能夠給她依賴、依靠和指導，兼具父親與導師雙重角色的形象，而這個老闆正好完全符合。此外這個老闆經常帶她出入名流雲集的奢靡場合，在形象、氣質、能力等方面都讓她有了很大的提升。

與此同時，無論是親友替她介紹的男朋友，還是周圍追求她的男性，她都會拒絕。以至於到後來她開始想去找男朋友的時候，始終是帶著這個老闆的形象和模式去找：事業成功，有錢有能力，懂她了解她，給她依賴和依靠，還完全包容和支持她。所以在周圍同樣年齡層的人裡，她一直都沒有找到這樣的人。這裡面所展現的核心問題，就是所謂的戀父情結，但她不僅僅是想要找一個像父親一樣的人，也不僅僅是想要彌補父愛的缺失，它的背後還有更為真實複雜的原因。

········· 真實存在的情愛依戀 ·········

　　實際上，我們每個人對於情愛關係都有著實際的需求和需要。後來這個諮商個案做了將近三年的時間，很重要的一條主線就是要讓她看到，她對於老闆情感上的依賴和依戀，是現實生活中實際存在的需求和需要，因為它有一個雙方自願的愛的前提。應該承認的是，她對老闆的依賴和依戀，以及不斷呈現出來的種種情感，是正常存在的。她在這段關係中的確付出了很多，而這個老闆雖然以金錢換感情，但他對她也是有真實感情的。我們可以看到，每一個隱藏在陽光背後的戀人關係裡，也都有很光明的一面真實存在著。

　　後來老闆的妻子已經公開地承認了他們之間的關係，只要她保證不圖老闆家的房產和金錢。在這種默契下，他們關係中愛的成分已經變得很複雜了。這種對於親密關係的依戀背後，是她對於安全感的強烈依賴。這種安全感的來源包括情感、存在感，還有金錢等物質這些實際的方面。而這種對於安全感的追尋，讓她產生了強烈的不安全感。因為如果繼續停留在這段關係裡，她覺得對於未來她看不到光明和希望，這樣繼續耗下去也讓她擔心自己會不會孤獨終老。

········ **諮商切入後的關係分離** ········

　　所以在諮商的幾條主線上，首先是要去梳理她和老闆之間的關係，然後再去梳理她和父親之間的關係，同時這也反映出她和男性之間的關係。在諮商的過程中，她和老闆的親密關係也經歷著逐步分離的過程。在那個階段，老闆能夠提供給她的能力和情感的程度都到達了一個上限。同時老闆在事業上也出現了一次巨大的重挫，從身價過億一下子變為背負幾千萬債務。此時，她就離開了公司，重新找了一份新的工作。這是他們關係分離的第一步。

　　在這個過程中，隨著他們雙方逐步呈現出的情感關係的分離和經濟關係的切割，更多的反而是老闆對她的需求和依賴。因為她年輕貌美，氣質好，能力也好，老闆會帶她出入很多重要場合，並且毫不避諱地稱她為自己的祕書。實際上大家都心知肚明，知道她是老闆的情婦，而且是心甘情願幫助他處理工作的。

　　當她慢慢看到這種親密關係之間的一種利用性的時候，他們之間的依賴、依戀就開始有了實際利益的考量。於是她開始為自己著想了。她在事業需要轉型、生活需要獨立的時候，和諮商師一起重新進行了對未來的人生規劃和職業規劃。她最終選擇去讀一個商學院的 EMBA。也是在這個過程

中，她從對老闆的依賴和依戀中，有了新的依賴和依戀。當她進入商學院就讀的時候，發現周圍同學幾乎全是大大小小的企業家，有身價千萬的，也有身價過億的。那麼這兩年的學習過程就給了她很多可能性，她也開始去嘗試結識潛在的男朋友。在和潛在男朋友的相處過程中，她和原來老闆情感關係的分離也開始逐步加快。

•••••• 大眾眼中的「不道德情感」 ••••••

其實類似這樣的案例在我這裡有相當多。整合起來去看，故事背後存在著種種實際的需求，一個是現實的情感、金錢和安全感的依賴，一個是過往的父愛缺失，還有就是對於當下情感的寄託和能力的認可。這些都是真實存在依戀關係背後的。很多時候我們只是站在社會道德的制高點去看待這些事情，而真正在道德背後，其實有非常多的東西是由不道德所構成的。所以不道德的東西未必如我們平時所理解的那樣不道德，它裡面也是有真實的實際關係、利益關係和情感關係存在和發生的。

這個故事很打動人的地方就是來訪者對於依賴、依戀關係的無悔性。我用了三到五年的時間投入諮商關係當中去理解和同理，而這個來訪者很多時候讓我覺得很敬佩，因為她

勇於承認愛的存在和真實性。她一直很感激我的地方也是這個原因，因為我一直認同和理解她對老闆感情的真實存在，並且能夠從中看到有父親之愛，有男友之愛，也有其他更為糾葛的情感成分。用她自己的話來說，這種無怨無悔的感情是很真實的，而且完全不帶有目的性和利益性，是一種複雜而純粹的感情。

·········· 建立心理支持系統 ··········

從心理學的角度來講，人需要建立自己獨立而完善的一個心理支持系統。這個支持系統最主要的三個層面分別是：經濟層面、情感層面以及自我接納層面。

首先是經濟層面，也是這個來訪者最為擔心的面向。她的老闆特別聰明的地方在於，他從來不一次給她鉅額生活費，而是不斷地轉給她以萬計的每月生活費，從而以金錢來換取他們關係的持續性，同時也給她感情的依賴性。在以經濟獨立作為心理支持的層面上，她需要有自己獨立的工作、獨立的職業和獨立的事業。她後來也的確發生了改變，走上了一個自我獨立、自主創業的過程，建立了一個自己的培訓機構。

在情感層面上，諮商師支持她去正常地和男性建立關係。首先告訴她，她可以開始和異性接觸、交往，不一定非

得以談戀愛為目的。過去她只有老闆這一個人，在她眼中，他是這個世界上最完美而且對她最好的人。所以她就對其他男性的情感產生隔絕。她不願意接觸男性，而且一旦接觸了就忍不住開始將其和老闆進行比較。而後來的嘗試性接觸就給了她很多對於男性的認知與了解。在讀 EMBA 期間，她認識了一些同齡的單身男性，和老闆一樣有房有車有事業。這提供了她很多可行性的嘗試。

最核心的支持是她要建立自我認同感，從而產生自我依賴和自我安全感。很多時候當人不懂得如何愛自己，並且沒人愛過自己的時候，其實自己也並不知道如何去建立對於自己的信心。一開始來訪者說她要是不去工作，就會很焦慮。即使她銀行帳戶上存著數百萬的資產，她也會覺得錢總有花完的那一天，或者擔心親友可能經歷重大事件，經濟上不能承擔等。對於各種可能發生的情況她都感到很焦慮，同時，她又會對人生抱有很高的期許和期待。

因為之前有人給了她捷徑，她獲得、擁有並且享受過，因此很長的一段時間裡，她都不願意透過自己逐步慢慢奮鬥去達到價值。當她回到完全自我獨立的狀態下，她就覺得很難接受現實，也很難維持原有的生活水準。所以她需要在內在建立起對自己的信心，需要在諮詢師的支持和引導下，建立自己更為全面的支持系統。讓她相信自己能夠掌握人生，

能夠規劃未來，她就能慢慢地走出來。不過這是一個險惡且漫長的過程。

·········· 生命的階段與永恆 ··········

所有的親密關係和與之伴隨的情感，都有屬於它自己特定的時間階段和時序。我們的爸爸媽媽，在這個看似穩定永久的家庭關係中，他們能夠陪伴我們的時間也不過幾十年，更不用說他們在某階段有可能會離婚或者過世。所以我們會看到生命的不可確定和無常。如果我們能夠好好地接納生命的不確定性和非常態化，這將會是我們對安全感最有效的一個彌補方式。

我們經常說要愛自己、愛生活，可是如果從更大的生命歷程上來看，愛的存在都是有具體時間階段的。我們對於過往所產生的不安全感，往往讓我們產生執念和貪心，希望愛和依賴能夠永遠地持續下去。正因為我們的過度不安，我們希望美好的關係是可以永遠存在的。可是我們需要知道，每一段關係都是有屬於它自己的時序的。

那麼如何去面對生命與愛的階段性呢？我們可以在關係發生的有限時間裡，去好好地經歷和享受關係中所呈現的情感經驗，而不是過多地去想未來、想永遠。很多時候我們以

為的永遠並不是真的永遠，登記、結婚、生子，這些重大事件對於感情而言都不是永遠，也沒有任何事件能夠抵抗時間，證明永遠。當我們去獨立地掌握自己的命運時，我們會發現，真正的永遠來自學會自己愛自己。這個永恆性的建構是一個非常艱難而且緩慢的過程，需要擁有事業、生活、情感等一系列基礎作為內在支撐，這樣我們對於深層次情感的需求才會變得良性健康，進而能夠得到並享受。

·········· 過往缺失是無底洞 ··········

　　一段關係的發生往往能夠反映出我們過往的缺失。我們會發現，對缺失的彌補實際上是個無底洞，它永遠也彌補不完。我們不能無止境地往裡面填，因為它會像一個黑洞般吞噬一切。那麼這個無底洞要怎麼去對待？諮商中最有效的方式就是把這個無底洞圍起來，蓋上一層土，在上面種上一朵花，來完成這樣一個儀式。我們可以透過照顧它、紀念它，或者舉行一個更加具象化的儀式，來把無底洞蓋成一個寺廟或是殿堂，讓我們能夠在裡面舉行祭祀和禱告。

　　除了紀念儀式，我們也可以從各個方面去進行適度滿足。比如說這個來訪者因為父愛的缺失，更容易傾向去找一個父親般的戀人，讓童年缺失的滋養在成年戀愛時得到滿

足，這是可以的。但是值得注意的是，沒有人能夠完全符合我們不斷拼湊出來的樣子，他們也不能夠完全替代過往缺失的那些角色。過度去彌補缺失，往往會導致我們更為盲目地投入一段親密關係之中。

<h2>⋯⋯⋯ 愛的前提是對生命的尊重 ⋯⋯⋯</h2>

對愛的追求是每個人的權利。在情愛關係當中，特別是在婚外情關係當中，很多時候人們甚至會去賭上自己的生命和一切，這是非常具有傷害性的。正如來訪者的老闆，他也曾經拍過裸照和性愛影片來威脅、控制她。當雙方都以憤怒和傷害來讓彼此捆綁在一起，共同捲入到相愛相殺，甚至是落入付出生命代價的絕境裡時，雙方或其中一方很容易產生憂鬱症、強迫症、焦慮症等情況，更可能出現自殘、自殺等極端行為。

我們需要強調我們對於生命的尊重，這是我們彼此之間一個愛的前提。不去傷害和踐踏自己的生命，這是一個底線。而所有情感的付出，我們是要在愛自己生命的基礎上才去做的。我們常說，情感基礎背後一定存在物質基礎，其實還有一個更大的基礎前提，那就是生命的存在。身為一個諮商心理師，我始終懷抱著一個很接納的心態，認為一切情況

都有可能發生，一切情況背後都有它所發生的深層原因。當我們都懷抱著這種心態去看待他人，那麼我相信這個世界就會是一個包容的世界。

情感缺失：
閃婚閃離裡的性與愛

——「在變化萬千的依戀關係裡，自己才是天地間最能夠永恆穩定地去依賴的那個人。」

●●●●●●●●●●●●●●● 諮商案例 ●●●●●●●●●●●●●●●

這個來訪者從履歷上來看是一名很優秀的女性，本身形象氣質非常好，能力也相當強。她第一次進入諮商室的時候剛剛離婚不到三個月，正處於一個很憂鬱的情緒狀態中。她和她的前夫都是名校菁英，她是前段大學畢業，又去歐洲留學過，畢業從海外回來之後在父母的介紹下認識了當時的男朋友，一個履歷同樣非常亮麗，透過競賽被保送進入前段大學的優秀男性。可以說這是一個資優生和另一個資優生在一起的故事。他們兩個人談戀愛不到一年就閃婚登記了。然而，婚後第一年的生活並不像期待中的那樣幸福，兩個人經

常產生衝突，生活中充斥著吵架和冷戰。用來訪者的原話來說就是，「一個優秀的基因碰到另外一個優秀的基因，帶來的反而是一場災難」。

在不幸福的婚姻中，特別是在她懷孕期間，她和前夫一直處於分居狀態。當時雙方父母和朋友都紛紛勸慰她，認為孩子的出現可能是他們感情生活的轉機。可是產後她卻發現，孩子的出現並沒有為雙方的感情帶來期待中的轉機，再加上她聽到了自己丈夫和其他女性的種種傳聞，巨大的失望與憤怒使得她產前產後都處在憂鬱狀態裡。由於雙方矛盾越來越深，在幾經分合之後，兩個人終於做出了離婚的決定。

········ 親密關係的幻想與現實 ········

在梳理來訪者情感經歷的過程當中，我發現她在情感關係上存在著很大的問題。她在大學期間屬於學校裡的資優生，但本身長得比較瘦小不夠顯眼，所以大學期間她幾乎都沒有被異性注意到過。直到大四的時候，因為喜歡上了一個學長，她才開始關注外表，打扮自己，開始勇於表達喜歡和愛。但當時這個學長是有女朋友的，兩個人就開始了一段無疾而終的地下戀情。然而這場沒有結果的戀愛，對她而言卻是刻骨銘心的，是她心目中最為美好的一段感情。所以後來

她會對愛情存在很大的幻想。

　　而在這種巨大的幻想中，她也不會主動去經營自己的婚姻。所以來訪者的關鍵問題就出現了，她在情感模式上，處於一種親密關係的缺失狀態。在親密關係的經營上，她和前夫的經歷都是一片空白。而這片空白也讓兩個人直接從相親認識到閃婚登記，從忙學業到忙事業。雖然他們從過去到未來都對自己的人生有著十分明確的規劃和追求，但是當他們結合到一起的時候，彼此情感的缺失也使得雙方在情感上都不能給予對方想要的支持，從而產生了很深的嫌隙，造成了很大的傷害。所以這段婚姻會走向終結，原因相當程度上在於雙方都缺乏經營親密關係的能力。他們將理想情感投入到半空中，卻沒有學會怎麼讓情愛在現實中落地。

　　在來訪者離婚前後，還有一條重要的情感引線一直在產生作用。在她經歷痛苦婚姻的過程中，她常向她的學長深夜打電話傾訴。此時這個學長剛剛留學歸來，在桃園的一所大學當教授，正處於意氣風發的人生階段。在這期間，學長為她提供了很多經濟資助和情感支持，兩個人的關係就又變得很密切了。有一次學長北上開會，兩個人見面後就突破了原有的情感關係，在酒店裡發生了性關係。這樣的關係進展，讓她感到無比驚慌失措、難過絕望。

·········· 超理性帶來的抽離 ··········

　　雖然有過糾結和掙扎，但她仍然能做到不失熱情，不忘理性。首先，她立刻與學長劃清界限，拒絕了他後來的經濟資助，防止把這段以情愛為初衷的關係變得更加複雜。隨後，她尋求了心理諮商的支持，讓自己慢慢變得更加平和篤定，以一種抽離的角度重新回看曾經發生的一切，回顧自己的感受。

　　來訪者開始去思考自己在這段關係中真正的心意和願望，從而在情、愛、性這三方面進行調整。對於來訪者而言，她對學長的情一直是比較克制的，而愛的成分中更多的是依賴、欣賞、理解和認同。

　　此外，她對於性的理解一直都很保守傳統，本身也從未在性方面獲得過愉悅和快感。性對於她而言，一直是被壓抑的一個內在幻想。而對於學長來說，他們之間的情、愛和性都是緊密交纏的。他希望有這樣一個彼此傾慕的人，相互喜歡，相互陪伴，同時又可以有安全穩定的性關係。

　　所以在情、愛和性這三個方面，他們雙方的需求並不對等。在需求不對等的時候，不僅僅是看我滿足你，還是你滿足我，更重要的是在這個階段裡，雙方要相互尋求到彼此都能接受的共同滿足點。她最終也找到了一個篤定的情感依賴

點，讓她和學長的關係從有愛、有情、有性，慢慢變得仍然有愛，然後慢慢少了很多情，也慢慢完全沒了性，從而把對學長的感情轉變成了良性健康的愛。

我們常常談論的道德和不道德只是社會層面上的，對於個體層面而言，情、愛和性這三種成分才是我們更要去關注的。在我們華人傳統道德文化的整體氛圍裡，性是被否定的，是被壓抑的，更多只是作為一種生殖繁衍的本能需求。在社會約束和道德壓力下，性很難被我們看作是一種愛的愉悅和表達。於是人們難以把它放在陽光下去談論、去經歷，這使得我們啟用了假自我來進行自我保護，從而封閉了真實的自我，隔離了內在的需求。

這個來訪者在談到性的時候，會感覺到自己好像是在出賣自己，從而產生一種強烈的羞恥感。從她的成長經歷來看，她還是更擅長透過學習、工作、賺錢去達成自己的心願。在愛裡，她會把學長當作親人，在自己最困難的時候尋求他愛的陪伴和支持，只是後來在二人往來越來越密切的時候，她才發現自己對他有了真實的性需求，從而產生了自我封閉。而且她對諮商師也會相應地呈現出自我封閉。在諮商時，我們會不斷地探討她對諮商師的移情，她會反覆確認她對諮商師的感情是愛，是喜歡，還是正常的諮商情感。

·········· 建立核心自我支持 ··········

雖然感情牽動人心，但它也只是生命種種可能性當中的一個部分，我們仍然會不斷地尋求自我的獨立和自我的認可。因此，我們要學會主動尋求自己愛自己的方式。來訪者在諮商的過程中，慢慢重建了自己的依戀關係。當她和學長、前夫、孩子的關係變得正常化之後，她開始審視自己和自己的關係，開始嘗試進行自我依戀。她先是去了英國讀研究所，這段海外學習經歷也給了她更寬廣的眼界和更好的機會。在新的工作中，她找到了更為穩定的情感依賴，也在現實世界中得到了更好的經濟收入。隨後她慢慢地還了學長曾經給她的錢，這讓她重新獲得了平等心和自尊心。

我們可以看到，她逐漸構築出了一個相對完整的心理支持系統。在這個系統建構的過程中，她先是重新梳理自己和學長的依戀關係，然後慢慢在兒子的成長過程中給予他陪伴和支持，對於前夫也給予了適當的理解和認可。在重要關係漸漸良性發展之後，她也從當年的那種糾結憂鬱的狀態中慢慢走了出來。隨後，她開始將依賴從他人身上逐漸轉移到自己身上，透過在工作事業上的發展來建立核心自我依戀。所以整個諮商到了後來，她基本上每三個月來見我一次，每次主要談的都是自己工作的事情和事業的發展。她在上司的全

面認可之下，在不到三年的時間內連續提升了五級，成為整個集團在亞太地區最年輕的總經理助理，這在他們集團歷史上是非常少見的。

當她把依戀關係中的每一條主線都梳理清楚，把每一個支持系統都建立起來，她也就逐漸獲得了更為豐滿的完整人格。後來她也慢慢學會了如何去處理職場和情場的複雜問題，知道了什麼是職場中的爾虞我詐，什麼是情場中的真情假意。她會不禁感慨自己在自我成長方面得到了很多提升，現在的這個自立自信的女性和當年那個在情感關係中困頓失意的女孩判若兩人。

·········· 主動滋養自己和他人 ··········

人與人之間會有很多種關係，關係裡也會有不同層面，情愛在這裡面被人們賦予很多溫暖和溫情。有時候情愛並不局限於具體的社會關係或是人際關係，它是多重並存的。那我們就來看看它到底是利我還是利他，雙方在關係裡是互相利用還是互利雙贏。我們相信，好的感情是以相互感到愉悅和獲得滋養為宗旨的。當我們感到難受糾結的時候，就應該停下來問問自己，自己在這段感情當中尋求的到底是什麼，是單純的喜歡和占有，還是更為複雜的精神寄託和情感證明。

我們時常感慨人與人關係的瞬息萬變與稍縱即逝，然後感嘆親情、愛情、友情都靠不住。在內心想依賴，而現實靠不住的矛盾裡，我們可以看到自己的情感缺失。在這種缺失裡，我們一直處於一種被動狀態，沒有主動去學習如何建立自己的親密關係。我們更多的是在情感缺失中等另一個缺失的人來填補自己的缺失，最終導致的是對自己和他人的雙重失望。

所以我們要嘗試去訓練擁有親密關係的能力，主動滋養自己，也主動滋養對方。在互相滋養的過程中，自己也更容易獲得來自對方的滋養。當我們的生命呈現出一種開放狀態，也就給了他人一個能夠參與的廣闊土壤。正如這個來訪者，當她主動調整和修復與學長、前夫和孩子的關係之後，她也在他們身上獲得了支持和力量。當她主動在每一段關係中注入更多的溫暖，她也在每一段關係中得到更多的溫情。

⋯⋯⋯ 在生命的無常中建立有常 ⋯⋯⋯

在尋求情感依戀的時候，人們往往會覺得更容易從他人的身上獲得。其實，在他人身上是最不容易獲得依賴和依戀的。人類很矛盾，我們都渴望永恆不變的愛與關係，可是只要是人就會有變化，而我們所渴望的依賴對象恰恰又是人。

從生命歷程上來看，我們在不同的人生時期，都有著不同的親密關係，在關係中有著不同的依戀，在依戀中有著不同的情感體驗。我們更容易獲得的穩定關係，是對工作事業的依戀，對興趣愛好的依戀，以及對具體事物的依戀。

可是有時候，工作事業會停擺，興趣愛好會轉移，無比珍視的古董字畫會日漸磨損腐蝕，深深依戀的寵物也會逐漸變老死去。這些生命無常所帶來的創傷，都會讓人忍不住產生那種對於生命深層次的失控感。在這巨大的失控裡，我們能夠做什麼？那就是在無常的生命中，透過自己的努力去創造出屬於自己的有常。我們可以將注意力投入當下，想一想花怎麼養，書怎麼閱讀，運動怎麼讓身心變得更輕盈通暢，工作怎麼完成得更出色、更有創造性。

我們終將意識到，在這變化萬千的世界之中，自己才是從生到死最能夠持續永恆去愛自己的人。我們對外探索是為了更好地對內觀照，我們學習知識和技能，理解世界運行背後的規律，懂得社會關係下的人性，都是為了讓自己更好地去理解自己和愛護自己。看得清楚，愛得明白，我們就能夠更好地活出屬於自己的快樂、意義和價值。

婚姻空殼：
用出軌來滿足征服感和占有欲

——「看到一個個向上恣意生長的生命，開始向下緩緩扎根，這是作為諮商師的幸福與滿足。」

⋯⋯⋯⋯⋯ 諮商案例 ⋯⋯⋯⋯⋯

這個案例最主要呈現出來的是進入婚姻之後，情感親密關係中的空殼性。這位女性來訪者和丈夫都是很優秀的「七年級後段」，兩個人是大學校友，讀完研究所之後雙雙留在北部工作。外形、能力出眾，高知識高收入，很多來諮商室做情感婚姻諮商的夫妻都是這樣的。男方十年前在很好的大環境下進入網路金融行業，公司銷售規模數億，他自己年收入也過百萬。女方大學畢業之後就一直在北部讀研究所、工作，對未來的發展也很有想法和規劃。

他們兩個人在交往之初，對於女方來說，她最開始看重的並不是戀愛關係裡的情感依賴，而是物質依賴，也就是人們平時所說的門當戶對。她更在意的是這個男朋友有沒有房子，有沒有車，家庭條件如何，然後對這些因素進行衡量評估，最終決定兩個人在一起。這個女來訪者的家庭條件在當

地算是相當好的，家裡有好幾間房產，父親屬於政府單位裡面的工程師，母親是一個上市公司的總監。在這樣的家庭氛圍裡成長，她在性格上就會比較獨立和強勢，自我控制力很強，自我意識也很強。而且她一直很注重物質條件，並且在物質上很有主見和投資意識。她在工作期間發現北部的房價處於谷底期，於是就果斷買了一間將近 60 坪的樓中樓，現在市值已經翻到上千萬。可以說她很習慣於透過物質依賴為自己帶來安全感。

所以當她遇到這個男人時，最吸引她的地方就是男人的外在形象和工作收入。從一開始，她在關係建立上就比較主動，經常發出約會的邀請。男人也是看著女來訪者形象好、能力強，在北部也有房子、有工作，認為她在條件上是非常適合結婚的對象。所以兩個人在認識不到一年的時間就決定結婚了。在結婚初期，兩個人都還是各自很看重自己的事業，一方面女方想再換一個更有發展前途的工作，從而進入金融產業，另一方面男方也想繼續在事業上有所發展。

在感情方面，兩個人的過往經歷就相去甚遠了。女來訪者的戀愛經歷幾乎是一片空白，沒有談過完整的戀愛。而這個男人可以說是一個非常典型的情聖，在外面有很多段同時進行的戀愛關係，而且不管有幾個女朋友，都會和她們產生所謂的真愛。在兩個人交往初期，男方其實還沒有和當時的

女朋友們分手，私底下還有頻繁來往，甚至在他的前女友們結婚之後，他依然會和她們保持性關係。由於這個個案在感情方面相對複雜一些，諮商師持續做了有三年半的時間。

·········· 婚姻的另一張面孔 ··········

在他們婚後，男方不斷地發生情感出軌，特別是在工作出差期間，經常發生肉體出軌。每當男方回家前，他都會把手機進行消毒一般的清理，將所有訊息清空。而她則像一個偵探一樣細心地蒐集可疑證據，從信用卡消費紀錄到網站購物紀錄，通通調查蒐證，然後和老公進行冷戰和對抗。老公的原則是一開始死不認帳，之後每次的認錯都特別發自肺腑，懺悔也十分情感真摯。但懺悔完之後，她會發現他和其他女性的關係還在繼續。

雖然她始終在諮商室裡探討要不要離婚，甚至是拿著照片、影片來和諮商師探討，但是她實際上顯然是不願離婚的。於是就有了後來漫長的痛苦糾結期，她也表現出了很明顯的憂鬱和焦慮，這些負面情緒也對她的身體狀況產生了影響。

·········· 沒有情感連結的空殼 ··········

在這期間，他們的故事就出現了情感的空殼化：兩個人同住在一個屋簷下，卻過著各自的生活。即使他們會共同參與家庭活動，擁有事件上的連結，但已經沒有情感上的連結了。他們回到家幾乎都是各自過各自的，男方晚上還經常以加班應酬的名義很晚才回家。由於他們的房子是樓中樓，所以有的時候男方回到家就會直接在樓下書房裡睡覺，而她在樓上臥室裡睡覺。所以他們完全是室友般地生活在一個空殼裡面，誰也不踏進對方的生活空間裡。

在結婚將近四年的時間裡，他們也沒有共同經營的有效家庭事件，既沒有做飯、做家事來創造家庭生活氛圍，也沒有約會、旅遊來激發熱情和升溫感情。而且他們之間的性生活也慢慢沒有了，也就是情感和性的連結都斷了。同時，他們彼此之間還經常會用所謂的懷疑或是證據來指責和攻擊對方對婚姻的不忠，這更是加速了他們連結的斷裂和關係的解離。這個案例中，兩個人後來其實並沒有離婚，而是一直保持著一個空殼婚姻。後來當雙方都意識到問題，想要往共同方向走的時候，卻發現很多深層內容是很難去重建的。

我們看到他們春光滿面地走進婚姻，在婚姻的一張充滿溫度的面孔下對未來懷有很高期許。而在婚姻的另一張沒有

溫度的面孔下面，更多的是對本能與人性的關注，對權衡與博弈的熟稔。正如他們兩個人，表面上都在討論是否離婚的這個問題，實際上都在各自暗暗評估離婚的成本。

········ 從情感依賴到有形依賴 ········

整個過程中他們兩個人都很看重物質財產，認為這些有形依賴會帶為自己更多的安全感。在背後強烈的不安全感的驅使下，女來訪者就把無處安放的情感依賴都投注在這樣一個穩定的物質基礎之上，形成有形依賴。比如，女方會要求男方上繳薪資，要求每個月給自己一定金額的生活費，也一直要求在房屋所有權狀上寫上自己的名字。男方口頭上答應了寫女方名字，卻一拖再拖，直到最後也沒有寫上，因為他覺得房子頭期款大部分是自己出的。即使他們這種所謂的安全感已經足夠強大，他們也已經得到了足夠多的物質財富，卻都覺得還不夠，雙方都還想繼續不斷地獲得。

後來，這種彼此的衡量和爭奪逐漸演變成了各式各樣的條約條款，比如借據和保證書等。每次吵完架之後，她都讓老公寫保證書，老公每次也都寫得特別深刻，勇於認錯，卻堅決不改。她把這些書面表達都保留了下來，和諮商師說，這以後都是呈送法院的證據。後來在諮商師的建議下，她問

過律師才知道，其實這些都不能作為劃分財產的依據。後來每次發生爭執之後，她就直接升級到合約，讓老公簽一系列合約來直接轉移財產。但是後來她也發現，法院並不能對她手裡的合約進行合約認證。我們會看到，她每次都希望透過更進一步的財產掌控來獲得新的外在平衡，但其實每次都會帶來更大的內在不平衡。

有形依賴並不能保障愛情，也不能保障婚姻。超理性可以讓人們透過很強的認知邏輯來獲得依賴，讓不安與焦慮透過在對固定資產的把握上得到一定程度的緩解。但是很多內在情感卻仍然得不到釋放，因為有形依賴並不能夠提供情緒釋放的出口和情感解決的管道，我們還是要回到情感依賴當中去尋找。

········· 異性關係的混亂占有 ·········

在夫妻關係的緩和期裡，男方雖然想要穩定家庭，但後來還是在接連不斷地和其他女性保持親密關係。在和男方的諮商過程中，諮商師發現他與女性在情感關係上表現出了很大的問題。問題來源於他和母親的關係模式，一直是控制與被控制、傷害與被傷害。此外，他在童年時期還經常被母親寄養在其他親戚家中。所以他和女性的關係就會出現依賴、

依戀的複雜性和混亂性。

　　複雜混亂的背後是母子關係對他造成的深刻傷害，從而引發他對女性很強的對抗欲、占有欲、報復欲等。在現實行動上，他不斷透過對女性的吸引、征服和占有來證明他在女性心中的位置和分量。這也導致他一直很抗拒透過心理諮商來進行梳理清楚，還是堅持本能自我地隨性而為，從而和身邊的女性在靠近與推開之間拉扯徘徊。

　　男方總共來諮商過三次，第一次來見諮商師的時候，很誠懇地表達了想要改善夫妻關係的意願。後來他發現，諮商師似乎帶有既定立場，諮商方向對自己特別不利。他也深知，關係中幾乎所有的情感問題和性愛問題全都指向了他自己，所以他在諮商室裡開始表現出特別強的防禦心理，後來就再也沒有出現過。而他所認為的特定立場其實是因為諮商師在不了解這位來訪者的時候，需要對其有一個採集和評估的過程。

·········· 情感依賴的不同表達 ··········

　　更加充滿故事性的事件是，男方情婦的丈夫找到了女來訪者，他們還拿到了旅館開房紀錄和監視攝影機的拍攝畫面。後來女方發現，自己丈夫在不同的地方都會有不同的情

婦。其實這種男性身上的戀愛特質非常明顯，他們不一定優秀，但是會很受女性喜歡。面對女性的簇擁和工作出差時飛來飛去的壓力與孤單，異地婚外情就自然而然地成了他宣洩、依賴和寄託的方式。

而他渴望在婚姻中獲得的東西，自己老婆實際上是不願意給的。他渴望得到女性柔弱的部分，比如依賴和撒嬌，而老婆呈現得更多的是強勢的部分，比如控制和獨立。在婚姻生活中，他渴望有人能照顧家庭，而女來訪者覺得這是保母要做的事情，不是老婆應該做的事情。因此，這種現實式的依賴就沒有被建構起來。而和男方身處不同城市的情婦們，每月才見一次面，每次見面不是高級餐廳裡妝容精緻的眼含柔情，就是酒店裡浮華褪去的目送溫情。所以這就給了他一個幻想式的依賴，讓他被依賴和被照顧的需求得到充分滿足。

對於女來訪者來說，自己的丈夫把情感依賴和性依賴投注到別的女性身上，讓她深受傷害。特別是在面對眼前無比刺眼的證據時，她陷入了深度的憂鬱焦慮之中，甚至影響到了女性生理週期。有一次丈夫的情婦將兩人的性愛影片傳給她來逼迫他們離婚，她出於憤怒，想要把事情鬧大到無法收場的地步，讓丈夫失去所有的憑依。

後來，他們的婚姻關係在諮商室裡得到了持續性的分析

處理，特別是圍繞女來訪者的婚姻訴求展開分析，來訪者也漸漸平息了怒火，回顧並梳理自己想要獲得什麼，從而避免了一場潛在危機的爆發。這是心理諮商在生活背後產生的意義和價值。

女來訪者第三年再次踏入諮商室的時候已經懷孕了。她說，其實自己是在為自己生孩子，不是在為男人生孩子。她把對丈夫的依賴和依戀轉移到腹中這個新生命上，她也在這段新的關係中得到了滿足。我們不去評判和預估這種依賴替代是好還是不好，但是至少讓她在當下混亂糟糕的狀況裡，獲得了難得的平和與安寧。

·········· 婚姻裡的自我憑依 ··········

婚姻如同海上雕塑，也許堅如磐石，也許在海水沖刷下細沙般慢慢跌落，也許海浪打來就徹底坍塌。正如這位來訪者，也曾身處內憂外患之中，差點讓婚姻甚至整個人生倒塌。在和老公糾纏得身心俱疲的時候，她父親又因為癌症過世。當想要依賴的東西一件一件不斷失去時，對於生活乃至對於生命的喪失感就會出現。此期間是心理諮商持續在給她支持，讓她在依戀不斷瓦解的時候內心能有一個支撐。

·········· 人間味裡的安定感 ··········

人們對於愛情這個主題有著極為強烈的表演欲，也使其產生了極度的夢幻與張力。我們聽聞一段段經典愛情故事，看男女主角如何脫離現實，在幻境中沉迷和得到釋放。相比於愛情故事，婚姻故事則顯得更為世俗化和庸俗化，因為在理想中的情愛生活之外，婚姻還多了現實中的生活氣息。而平凡的生活，卻是婚姻生活的主要零件，也構成了我們漫長的人生。

婚姻都會落入眼下的平凡生活裡。這些生活中的人間味，和資產、事業、孩子、原生家庭以及社會關係一起，讓婚姻生活不安定。承認人間味很容易，學會和人間味共同存在也不難，但往往我們想要的更多，需要的也更多。我們偏偏想要在不安定中尋求安定，在不穩定中維持穩定，這就使得戀愛到婚姻的轉變難度呈指數型的不斷攀升。如果說愛情讓我們體驗如何對抗拆解，那麼婚姻則讓我們習得如何維持保護。它們看似矛盾，卻也統一。這其中如何慢慢去轉化，只有我們自己才能夠體會和了然。

·········· 讓信念感隨生活擴充 ··········

回顧來訪者的人生故事越多，越會有一種強烈的感受：人生的悲喜劇情是難以預測的，有時候我們甚至連其走勢也

無法預判。所以我們的生活需要信念感，這是對自己需求的確信和對自己選擇的篤定，讓我們得以在婚姻中站穩腳跟。愛情中的信念感純粹而簡單，而新增了很多不安定與負重因素的婚姻裡，信念感則很容易被稀釋，正如一條溪流匯入山川河流。

在生活擴充的時候，我們的信念感也要隨之擴充，這需要我們長期對其注入力量與內涵。正如這些來訪者們，在漫長的個人生活和諮商陪伴中，學會將投注在情感上面的注意力和精力，慢慢擴散到人生其他各個重要組件上面。從身處一段完整婚姻仍感到心神不寧，到即使生活隨時解體也保持堅定從容，這是他們很了不起的成長變化。諮商室裡見證了太多這樣的人生故事，看到一個個向上恣意生長的生命，開始向下緩緩扎根，看到了他們對人生的信念感從深而單一變得廣而持久。這是身為諮商師的幸福和滿足。

本能慾望：
是否存在絕對忠誠的婚姻

——「人生的成長性就是讓我們經得住浮沉和打擊。然後，等閒安定的人生能過，充滿變數的人生也能過。」

·············· 諮商案例 ··············

　　還是上一篇當中的來訪者，我們可以看到人們眼中的天作之合背後的婚姻空殼化。如果說這段關係中貧乏的情感日漸侵蝕著他們漫長的婚姻生活，那麼男方的婚外情則如同利刃穿心一般，對女來訪者造成了很大的打擊。隨後在諮商期間，她和丈夫經歷了很長的一段婚姻糾結期，然後在其中各自權衡利弊，相互拉扯爭奪。

　　當來訪者想要離婚時，丈夫強烈表示不願意離婚，然後透過甜言蜜語和保證承諾來留住對方。但是後來她也發現，一切都只是空口諾言，她並沒有等到她期待的改變和轉機。於是她就陷入了離婚還是不離婚的持續的痛苦糾結當中，一方面覺得自己離婚之後也很難找到條件更好的人，另一方面又覺得自己的丈夫難以掌控和改變。

　　無論走向哪一種選擇，都有她難以接受的現實問題。

　　似乎婚姻走到這裡，他們雙方都被按下了暫停鍵，停頓在了當時的狀態中。可正是在這種靜止當中，很多潛藏已久的問題才有機會浮出水面，得到遲到已久的審視和思考。

·········· 人性輸贏的博弈 ··········

在諮商室裡，「七年級後段」的年輕人有一個很普遍的特徵，就是彼此之間經濟獨立。這種經濟獨立不僅意味著收入獨立，更多的還是支出獨立。女來訪者和丈夫兩個人平時各自負擔各自的日常生活開銷，但是在金額比較高的家庭支出上，比如出國旅遊和在職進修，來訪者還是會忍不住想讓對方多去承擔。其實丈夫是可以接受的，但是他希望妻子能因此對自己態度好一些，姿態軟一些。後來，發現得不到妻子的軟語溫存，丈夫也開始以其人之道還治其人之身，對妻子也有了經濟上的保留，這就導致他們在金錢的問題上從獨立走向了較量。

他們之間的較量還展現在日常交流當中。有一次，她使用對方電腦時，無意間發現自己的丈夫居然有三個社群軟體帳號。登入後發現，在她僅僅知道的那個帳號中，丈夫的很多動態消息還把她封鎖了，而且之前很多秀恩愛的貼文設定的也是僅她自己可見。來訪者在憤怒之下，也採取了同樣經營社群軟體帳號的方式來暗自較量。後來，兩個人之間的心理博弈越演越烈，雙方眼裡只有輸和贏，而忘了走進婚姻的初衷。

如果去反思和覺察婚姻，我們會發現，很多時候當我們

放下彼此博弈的心理，一個主動靠近的姿態相比於一份暗自
蓄力的較量要有效得多，也舒服得多。女來訪者就發現，當
她對丈夫示好和嘴甜的時候，比如做個烘焙或是買個小禮
物，丈夫明知道她別有目的，還是會非常開心地接受，並且
心甘情願地幫助她達成那個目的。在她為丈夫準備了三次燭
光晚餐之後，丈夫就忍不住開口詢問起妻子最近的心願。於
是她就把在職進修的錄取通知書拿了出來，丈夫也一改往日
的行事作風，爽快地承擔了她的全部學費。

　　很多時候人性最大的問題就是對於輸贏的執念，想要贏
過對方，或是不願意輸給對方。然後彼此把精力白白浪費在
了內部的損耗上，而不是投入婚姻關係的滋養上。很有意思
的事情是，我們常常會把需求當作是認輸，一旦發現自己需
要對方，就覺得自己快要輸掉了。如果我們始終把另一半放
在對立面上，那我們需要把對方徹底打敗甚至是毀滅，才能
給這份執念一個結局。而這個結局，往往是兩敗俱傷。

••••••••• 關於婚姻忠誠的認知 •••••••••

　　女來訪者在這段婚姻裡所經歷的最深的情感傷害，來自
丈夫對於婚姻的不忠誠，也就是他一段又一段的婚外情。在
這個過程中，她也在一步一步地突破她自認為的底線。最開

始，她可以接受丈夫因為工作關係，喝酒後有偶然的性伴侶，她覺得只要丈夫不把人帶回家，自己勉強可以接受。後來她發現，丈夫和他當年的高中同學還一直保持著戀人關係，雖然丈夫保證對她沒有真感情，但是女來訪者已經不敢相信，也難以接受了。我們可以看到，從堅持絕對忠誠，到接受身體出軌，再到面臨精神身體雙重出軌，面對婚姻的不忠，除了一刀兩斷，還有很多人會經歷一次次的妥協，他們的底線也一次次地被挑戰著。

　　婚姻的不忠，是人們探討當代婚姻時無法忽略的一個話題。除卻道德層面的譴責，我們也要考慮本能層面的欲望。女來訪者的丈夫本身就流連於聲色，並且他還非常具備吸引異性的特徵。對於女來訪者而言，她要不是有足夠的競爭力來驅趕丈夫周圍所有的女性，要不就是有足夠的吸引力讓丈夫能夠安於當下的親密關係當中，如若不然，她總是要面對人性最原始的慾望。其實對於動物繁衍本能的接納，也是對人性接納的一部分。無論高度發展的文明為人性套上多少層濾鏡，本能的動物性始終是人性的底色。

　　沒有完美的婚姻，也沒有絕對的忠誠。或許我們很難接受這個事實，可身邊的現實也往往是從完美絕對的期待中，不斷調整，不斷妥協，然後形成一幅幅不足為外人道的畫面。從需求的角度來看，每個人在婚姻中都有很多想要獲取

的東西，而忠誠只是其中之一。我們會發現，無論是婚姻選擇，還是自我認知，我們的話題始終離不開的核心就是，我們到底想要什麼。

女來訪者的丈夫外形出色，能力出眾，這是她所得。而她所不能得的，是丈夫在婚姻裡的絕對專一。自己看重的卻是對方不願給的，這些衝突就會帶著人們走向糾結。於是我們強調內心訴求，清楚自己想要在婚姻中得到什麼，這樣每一項需求才能有順應內心的權重。後來，兩個人都在婚姻的不斷調整當中得到了自己想要的，女來訪者透過不斷妥協來獲得安定，丈夫也嘗試配合來獲得他想要的平衡。不同的訴求會帶來不同的權重，然後帶來不同的選擇和調整，這是婚姻裡的多面性。

·············· 饒恕和妥協 ··············

很多人都會在婚姻裡犯下我們所謂的不可饒恕的錯誤，關鍵是怎麼去認知和對待。其實我們最終饒恕的，不是對方，而是自己。這也是我和很多來訪者不斷在探討的話題。如果最想要的是對婚姻的絕對忠誠，那麼錯誤出現之後，我們可以放棄這段關係轉而尋找下一段，但是下一段關係裡我們也不確定對方是否會犯錯。我們也可以選擇單身，但這也

帶來更多的風險和挑戰。當這兩者我們都不願去選擇的時候，我們就會走向對現實的妥協。相比於選擇，妥協才是我們真實生活的本質和常態。

從現實的角度來看，離婚並不是解決婚姻問題最有效的途徑，更不是唯一的途徑。女來訪者看到過自己的丈夫和其他女性的消費帳單和開房紀錄，聽到過第三者在電話中對自己的輕視和嘲諷，她在無數個時刻下定了決心要去離婚。可是，小說和電影可以以離婚作為故事的結局，而真實的人生沒有結局，離婚也並不一定能促成多麼珍貴的人生轉捩點。文學的起承轉合映襯的是現實的冗長無趣，唯有不斷地認知、選擇、妥協和調整，才能不斷地在成長中獲取自己想要的東西。

如果從自身需求出發，仍能饒恕對方的錯誤，那麼妥協也是對自己的尊重。所以我們才會說，真正要去原諒和放過的人，是自己。在丈夫下定決心和情婦切割關係時，情緒失控的第三者還曾去丈夫的公司宣揚這段祕事，後來還是女來訪者主動幫丈夫處理了過去。旁人看到的是她的隱忍壓抑，我們卻能夠從更深的理解裡，看到她對自己內在的順應。

婚姻如同車輪碾過大地，每時每刻都有新的軌跡產生。如果始終盯著過往的壓痕，那麼前方的道路也就難以好好走下去。心理諮商並不是否定離婚，也不是宣揚忍婚，而是希

望人們可以在更好的自我了解中做出更清晰的決定。很多來訪者最終都會選擇停留在婚姻裡，因為他們都看著長長來路，找到了屬於自己的方向。

<h2 style="text-align:center">••••••••••• 心理諮商的走向 •••••••••••</h2>

可能很多人看到這裡會發現，來訪者的人生走向，和外界對於心理諮商的普遍預期是不太一致的。對於那些因為婚姻情感問題而走進諮商室的人，大家可能會期待他們修復婚姻的傷痕，或是找到下一個幸福。然而現實往往並非如此。在這裡我特別想要表達的是，心理諮商絕對不是萬能的，它解決不了所有問題，甚至都難以解決很多人生重要問題。其實心理諮商的核心意義在於陪伴，陪伴的意義就在於來訪者在這個過程中可以慢慢擁有坦然面對生活和生命的能力。

在諮商的不同階段，諮商目標是不一樣的。我們可以回顧一下這位來訪者兩年多來的諮商經歷，來看一看具體的諮商目標是如何變化的。

在第一階段，她的諮商目標非常明確，就是自己要不要離婚，要不要放下這個男人。問題困擾的背後，是已經影響到她正常生活的焦慮和憂鬱情緒。諮商師需要在這裡將問題進行梳理和轉化，所以在前面的五到六次諮商裡，諮商師像

容器一般接住她的情緒，讓情緒得到穩定的她對於自己的情感關係形成新的認知。現實困擾雖然還是存在，但是對來訪者情感狀態的影響已經明顯降低了。

　　到了第二階段，經歷了婚姻認知的形成，她開始去梳理成長經歷，重新認知自己的家庭關係。這些多重認知的建設，讓她走到了自我認同和自我接納的層面，從而願意在其中做出改變。無論是外在形象還是工作能力，她都開始嘗試透過行動去獲得自己想要的。與此同時，她深層的不安全感也漸漸浮現了出來。諮商到了這裡，也就慢慢下沉到了一個很深的生命狀態裡。

·········· 行走在內心地圖裡 ··········

　　於是在第三階段，她會在諮商師這裡尋求自我認知的探索。比如自己對於婚姻忠誠的底線在哪裡，身體出軌和精神出軌哪個她更接受不了，等等。自我認知的探索，如同在內心地圖裡完完整整地走上一遍，把過去未曾靠近的地方進行疏通和連線。諮商師就像是她手中舉的火把，幫她照亮內心，看清心理地圖的結構。

　　當她停頓在傷害發生的地方，她就會沉浸在痛苦和憂鬱裡面，不斷地回想著丈夫對她的背叛，讓每一次回想都成為

一個個清亮的耳光，打在她的身心上。而自我認知的調整，意味著要去修築這些通往痛苦的道路，讓未來的自己再次走過此處時，疼痛感變得越來越輕。這個過程在文字裡雖然只有短短的兩句話，但是在現實諮商的過程中，卻要經歷數年去推演進行。這其中的波折與反覆，相信每個人都有自己的體會。

行走在內心地圖的過程中，我們藉著火把的光亮，正視自己內心世界的各個角落。於是我們成為故事裡的主角，用自己的眼睛去看清周圍的人事境，用自己的內心去體察情愛苦痛，用自己的大腦去形成自洽圓融的價值理念，然後用自己的選擇權去定義人與人的關係、人與事的關係。

後來我們會發現，原來有這麼多瞬息變化和難以言說的因素，都會參與到我們對當下的感受和認知裡來。進而我們會懂得，自己的選擇有原因，他人的選擇亦有根由。在內心地圖裡景色變換有多麼容易，就會明白人心變化來得有多麼順理成章。人心滄海也好，世事桑田也罷，人生的成長性就是讓我們經得起浮沉和打擊，然後，等閒安定的人生能過，充滿變數的人生也能過。

強迫性重複：
爲何總是愛上一個又一個男上司

——「親密連結的缺失，讓人們難以找到歸屬，難以找到自己作為個體在這個世界上的位置。」

∙∙∙∙∙∙∙∙∙∙∙∙∙ 諮商案例 ∙∙∙∙∙∙∙∙∙∙∙∙∙

　　這個案例給我感受最深的就是，以世界為家，但其實沒有家。來訪者常年遊走於世界各國，直到後來她去法國時，認識了她當時的法國男朋友，才想要安安穩穩地定居在那裡好好生活。後來她來到諮商室的原因就在於，她和這個男朋友面臨分手，而她難以承受這份痛苦，就選擇了回國發展並接受心理諮商的幫助。

　　她對自己的情感經歷很是困惑，因為她每次找到的男朋友全是已婚男性，而且他們都對她隱瞞自己的婚姻狀況，直到機緣巧合被她發現才一次次地結束感情。她的這位法國男朋友是一家咖啡企業的老闆，因為開拓業務常年在全球各個國家工作。他們兩個人的相識是因為一次業務上的往來，兩個人一見鍾情之後就發展成了戀愛關係。於是他們在很長的一段時間裡，被合作關係和情感關係緊密地連繫著，她也逐

漸產生了和他一起在法國結婚定居的想法。

　　後來發生的事情和她之前的經歷如出一轍，她發現這個男朋友在不同的國家和城市都有女朋友，更讓她難以接受的是，他在法國當地是有妻子的，只是雙方因為感情不和而長年分居。經歷了幾次情感的欺騙和打擊之後，她想要在心理諮商室裡尋找一份答案。

　　來訪者在此之前曾經有過一段只維持了一年的婚姻。她和前夫戀愛時感覺很好，可是進入婚姻之後才逐漸發現對方身上有很多自己不能接受的東西。前夫的父母非常強勢，他也非常聽父母的話，每當家庭出現分歧，他都是聽從父母的意見和安排。而且他在工作上能力普通，野心不強，慢慢這個男人讓她覺得越來越失望，她就果斷選擇了離婚。當時的她並不知道要去分割財產，一個人拖著箱子就離開了。

⋯⋯⋯⋯⋯ 情感的重複性創傷 ⋯⋯⋯⋯⋯

　　她離婚之後就到了另一個城市，然後進入了一家外商公司工作。這家外商公司的老闆是一位年齡在 60 歲左右的美籍華人，經常帶著她出差跑業務，然後逐漸把她培養成了他的祕書外加女朋友。這種親密關係持續了將近五年的時間，直到她發現老闆其實有家庭還有孩子。更讓她震驚的是，老闆

在和自己交往的同時還在和另外一個女孩同居，直到女孩發現自己懷孕來公司和老闆談判，這段隱祕的情感關係才被全公司的人知道。於是，她斷然離開了這個男朋友兼老闆。

她隨後的經歷與之前驚人的相似，上一次關係裡經歷的創傷，在當下的關係裡又浮現了出來。她進入了一家港商，想要在一個全新的環境裡自我成長，也想透過投入工作來療癒過去的情感創傷。可是沒過多久，這個香港老闆也把她調到自己身邊做祕書，兩個人在此期間也發展成了戀愛關係。這個老闆表面上看上去特別紳士，但是經常在酒後對她暴力相向。後來她不堪忍受，身心痛苦，再一次地離開了。

她離婚後找到的三個男性有著很明顯的共同特徵，年齡普遍比她大很多，事業心強而且經濟條件很好。同時，她的每一段親密關係都很特殊，既有工作上的上下屬關係，又有情感上的戀愛關係。在每一次的親密關係裡，她都充分地照顧和支持對方，自己在精神和情感上被捲入得很深。但是與此同時，這三段情感關係都走向了終結。我們可以看到，她在這些具有強烈重複性和預見性的互動中，形成了一種強迫性重複。

另外更為重要的就是，在這個特徵背後，她一直在尋找一個理想的父親，能夠帶給她未曾體驗過的愛和全方位的安全感。童年時期裡的父親、第一段短暫的婚姻裡的丈夫，都

沒有帶給她想要的那種成熟而強大的保護，於是她會把成熟度和事業心當作尋找男朋友的重要考量。

我們可以看到來訪者在男朋友身上投射出的父性色彩。她想要現實生活上的支持和幫助，還想要精神思想上的引領和指導，於是她在女友和祕書的雙重身分上獲得了滿足。此外，她飛速提升自己的工作能力，精通多國語言並且熟悉公司業務，然後成為男朋友兼老闆的出色的助手。她透過成人時期的努力，來獲取孩提時代未曾獲取的愛與關注。所謂命中注定的走向，是由很多過往所鋪成的。

·············· 愛與痛苦的心癮 ··············

表面上她在不斷地尋求親密關係，其實正如她後來的自我覺察，她真正想要的是穩定的依靠。可是對於這些男朋友們來說，他們最為奢侈的付出就是時間上的陪伴。她在情感裡最為鬱悶甚至是崩潰的就是，她經常找不到人，不知道自己的男朋友當下在哪個國家、哪個城市。有一次在她生病要做手術的時候，她當時的男朋友就忙於事業沒有出現。那時躺在病床上的她，體會到了極大的無助和孤獨。

每一次的離開都是她自己主動提出的，隨即她會感受到強烈的被拋棄感。即使她很早就做好了不能和對方走入婚姻

的心理準備，但是背叛和欺騙所帶來的傷害並未減輕分毫。可是這種主動選擇的被拋棄感，也能讓她獲得關係發展的掌控感。因為人們在潛意識裡，都想要回到事態發生的最初時刻，去掌控，去改變。

　　在前十幾次諮商過程中，她慢慢地意識到，自己想要的情感在現實中不可能持續地擁有。過去的她不斷重現著熟悉的創傷情境，並把自己置身於其中。每一次出現這種熟悉的痛苦，她都會主動選擇結束關係，從而用已知的痛苦來逃避未知的恐懼。在回顧了自己整個情感經歷之後，她覺得愛情如同毒癮一般，不僅啃噬著她的身心，

　　還讓她無限沉淪，失去與命運對抗的力量。

　　後來她就嘗試戒掉這個心癮，尋求事業上的寄託。她依靠過去累積的經驗和資源，憑藉自己出色的能力，在一家國際旅遊公司裡一路發展得很好。她再一次開始了在世界各地奔波的人生狀態，只是這一次，她是完完全全地依靠自己，為了自己。在過去，創傷成癮帶來的深刻體驗，幫助她去消解生活中混沌模糊的焦慮與空虛。如今，她找到了一個更為健康持久的方式，去解決生活中的常態性問題。

············· 阻滯的內在小孩 ·············

　　她過去家庭裡的核心問題，來源於她和母親之間的關係。她的母親非常強勢，對她和三個姐姐都高度管控，從讀書戀愛到工作定居，母親的影響都是侵入式的。此外，母親對父親也有著非常強的控制，父親中年因病去世之後，她更是把自己全部的精力放在了幾個女兒身上。但這裡面有個值得注意的現象是，這四個姐妹中有三個都離婚了，沒有離婚的女兒很早就出國定居，一直沒有回來過。這些內心被過度入侵的孩子，在界限糾纏的原生家庭裡，難以形成界限明晰的核心家庭。

　　除卻母親的極端掌控之外，導致來訪者和母親不合的深層原因在於，她很小的時候就發現母親出軌了。她印象很深刻的畫面就是母親把父親拉到社區裡，大聲質問父親有什麼證據證明自己背叛婚姻。所以她一直覺得，父親的英年早逝和母親對父親的不忠和欺凌有著很大的關係。在這個原生家庭裡，她一直在默默地用自己的疏離來對抗母親。所以從小時候起，她對於自己的女性身分有很強烈的不認同感，這也影響著她後來女性角色功能的發展。

　　後來在諮商的第二個階段，我們一起用了將近兩年的時間，不斷地梳理來訪者內心小女孩和媽媽之間的關係。她回

憶小時候媽媽對她的嚴厲教育，媽媽做主幫她選了她認為理想的大學和科系而自己卻不敢反抗。她很多年都沒有用過媽媽這個稱謂，在諮商室裡一直都稱其為我們家那個老太太。直到諮商後期，她慢慢在童年畫面的重現裡面看到了母親對她強烈而複雜的愛，用成年人的認知模式去和那個一直被阻滯在童年時期的小女孩溝通，然後在現實中和母親實現和平相處。

原本提供最初的安全感和歸屬感的人，同時也是帶來傷害與威脅的人。於是來訪者在很小的時候就形成了一種矛盾的依戀狀態，既渴望又恐懼，既順從又壓抑。然後，她就把這種糾結複雜的依戀模式延續到了她成年之後的親密關係裡。

⋯⋯⋯⋯⋯ 過往烙印的傷害 ⋯⋯⋯⋯⋯

她和父親之間的關係也一直影響著她後來的親密關係。父親是一名國中老師，性格內斂弱勢，在發現妻子出軌之後就一直忍氣吞聲，之後一直和整個家庭保持著疏遠的距離。所以來訪者從小到大都沒有真正和父親建立起關係的互動和愛的依戀。於是，她在她的那些男朋友身上尋找父親的影子，然後一次又一次地踏入與已婚男性戀愛的暗流漩渦之中。

她後來在感情裡重複著這種熟悉的因父親缺失帶給她的被拋棄感。這種熟悉感會讓她覺得，自己彷彿回歸到了過去的正常生活之中。正常與熟悉的混淆，讓她的人生在某種程度上，上演著自己徒手製造的惡性循環。

　　她在父母身上沒有看到感情，所以她自身就非常渴望感情能夠出現在她身上，用她的原話來說就是，她想要瞬間極致的浪漫和穩定持久的愛。所以每次進入一段情感關係時，她都會毫無保留地全面付出，既當祕書又當女朋友來吸引對方的注意力。此外，過去創傷中那些充滿張力的情緒，也會影響著親密關係中的情緒流動。這種高強度、高負荷的情感需求，往往會讓對方感受到被吞噬般的恐懼，從而可能加速對方的逃離。

　　但是她也會給這些男性特定的安全感，她既不要婚姻，也不要金錢，而且還不想生孩子。對於已婚男性來說，婚外情最讓他們感到恐懼和威脅的所在，這位來訪者都不會靠近，這也是她一直會吸引這類已婚男性群體的重要原因。而她帶給男性安全感的背後，恰恰是她自己成長經歷裡的不安全感。她對於婚姻和子女的消極認知，還是源於對母親影響下的女性角色功能的不認同。

　　心理諮商對於婚外情，一直是用一種不加評判的態度來包容和理解的。不加評判所接納的內容，並不是背叛本身的

傷害性，而是背叛行為背後的人性。在過去的十六年裡，我做的婚姻情感類諮商中，涉及出軌的來訪者就有數百人。對於諮商師而言，看到每個人都在用自己的方式去追求自己的依戀關係，看到每個人身上過往經歷的獨特烙印，是幫助他們從傷害中走出來的開始。

·········· 尋找歸屬感和位置 ··········

在自己內心最不安定的時候，她也會追憶自己過去感情中的美好時刻，透過懷念來和過去的社會關係重建連結，重溫溫暖，從而獲得一時半刻的歸屬感。可是，這種遙遠又短暫的自我療癒之後，隨即出現的是失落感的加深，然後她會又一次地陷入更深的無歸屬感中。於是她不停地駐足，不停地離開，然後揀盡寒枝終不肯棲。來訪者所經歷的傷害，並不只是人們所看到的情感欺騙，還在於一次次的關係分離。這些悲傷需要被正視，需要被充分體會。未經充分體會的悲傷，讓她對於關係一直難以釋懷，在心底留下長久的傷痛，影響著自我的完整。悲傷需要哀悼，這個心理層面的儀式是給自己舉行的。

人們也許會為了實現自己的理想價值，無止境地向上去滿足那些高層次的需求，然後發現，隱痛一般的無歸屬感總

是無法得到消除。因為更為根本的需求，愛與歸屬感，也需要被正視和體會。後來的她漸漸習慣了獨立自由的生活方式，也徹底放下了結婚生子的想法，慢慢建立起了自己的核心交際圈，實現了經濟自由，也有著一個穩定的男朋友。於是她就在各地之間遊走，過著一種候鳥式的生活。

親密連結的缺失，讓人們難以找到歸屬感，難以找到自己作為個體在這個世界上的位置。而親密連結的充盈，讓人們獲得力量來走出過往，從而書寫當下的故事。我們可以透過遊歷全世界來不斷尋求自我歸屬感的寄託，也可以透過扎根於一座城市來獲得穩定的歸宿，或是無所謂形式，只是感受著內心的寧靜富饒。歸宿可以在腳下，也可以在內心。

第一章　情感創傷

第二章　親密關係

過度抱持：
被貼上離婚標籤後的生活

——「內心缺口越填越空，因為有些空缺只能自己填補，這是上一段關係留給我們未完成的功課。」

·········· 諮商案例 ··········

來訪者是一個剛結婚不久就面臨離婚的年輕女孩子。離婚危機發生在春節期間，新婚伊始的兩個人在男方家裡過春節，因為過年習俗的地區差異，引發了一場很激烈的爭執。來訪者覺得自己在這個新家庭裡面過得很委屈，而且面臨衝突時，自己的丈夫完全不站在自己這一邊。於是來訪者在大年三十的晚上就收拾行李回到自己家裡去了，男方父母對此十分震怒而且難堪，等到過完春節就直接要讓他們離婚。

最早來約諮商的是她的前夫，他當時正在糾結要不要離婚。因為母親長期以來的強勢掌控，還有自己習慣性的自我壓抑，他平時是很依賴母親的。在隨後的三個月的諮商時間裡，他一直承受著來自妻子和母親雙方的巨大壓力，感到十分痛苦和折磨。直到諮商做到快第十次，他決定了要去離婚。面對這個意料之外的決定，女方感到十分崩潰，情緒一

度失控。於是這位前夫就把她帶到了諮商室裡，希望兩個人可以透過心理諮商相安無事地度過這場分離。

來訪者從第一次諮商開始，情緒就特別不穩定，經常出現悲觀絕望的崩潰狀態。她反覆告訴諮商師，自己根本不想離婚，也根本沒想到這樣一個任性的舉動會導致離婚這樣的結果。在諮商初期，她是非常想要逃避現實的，直到諮商做到中後期，再加上她進入了諮商師帶領的團體小組內體驗成長，她才慢慢開始接受現實，平穩情緒，開始面對自己新階段的人生。

重新成長的契機

來訪者從小生活在一個大家庭當中，是眾多子女之中唯一的一個女孩，所以就特別受寵。她家裡的事業在當地做得很大，她也在優渥的家境下，從小學、國中、高中順利上到大學，一路下來沒有經歷過任何可以稱得上是挫折的事情。她的爸爸掌管整個家族的生意，很威嚴卻又獨獨很寵愛她。她的媽媽是家庭主婦，在平時生活中也非常溺愛她，經常無條件地滿足她提出的一切要求。這種雙重寵愛讓她從小就形成了十分以自我為中心的性格。

大學畢業之後，爸爸透過關係替她找到了一份公家單位

的工作，輕鬆無壓力。同時，她的姑父也和單位有業務往來，可以在工作上照應她。可以看到她一路走來，在每個人生階段都有人在照顧和支持她，持續替她營造著一個被過度保護的小世界，讓她覺得自己是這個世界的主宰者。她原以為，自己年夜飯上的任性胡鬧會像她習以為常的那樣，得到大家的包容和接納，甚至是退一步的妥協。但這次男方父母的決定讓她從世界中心的位置上跌落，也讓她的世界在一夜之間解體。

當她要結婚的時候，她仍然以過去十分簡單樂觀的思維模式去看待婚姻，覺得就是自然而然地和喜歡的人生活在一起。而婚姻讓她從被過度保護的環境裡走出來，走到一個更真實的世界中去面對風雨。婚姻中需要的能力、面臨的考驗、急待解決的問題，這些都把她再一次推回到成長開始的地方，讓她在多年之後又回到了起點，實現該去完成的成長。

·········· 覺察人與人的關係 ··········

她是在面臨離婚期間來到諮商室的，當時的她情緒極度不穩定，時常崩潰大哭。她反覆告訴諮商師自己不願意離婚，不想面對這麼大的一個世俗壓力，也難以和父母交代。

但是對方又很決絕地想離婚，把一切都交給諮商師去談，不給她一點商量挽回的餘地。我印象中只有三位來訪者，我給過特殊權利，可以提前半個小時約臨時的視訊通話諮商，她就是其中之一。我印象很深刻的一次是我正在郊區周邊開著車，就接到了她的求助電話，於是我把車停在路邊，給她及時提供了視訊通話諮商。

電話裡的她情緒崩潰，哭訴全世界都拋棄她，哭訴自己人生無望。後來透過心理諮商，我對她進行了安撫和陪伴，讓她在哭累之後慢慢想要去面對這件事情。在面對的過程中，藏了許多年的隱患也就逐漸顯現了出來。一直以來的以自我為中心，讓她只會單方向地索取，不會讓付出雙方向地流動，所以她完全不知道如何去經營兩個人之間動態發展的親密關係。

過去的溺愛把她推到了一個可以頤指氣使的位置上，讓她對於關係中控制與爭奪的體驗完全空白。在結婚之前，她並沒有覺察到男方和母親之間的依戀關係如此緊密，時至今日也沒有完成有效分離。當兩個女人從競爭上升到了戰爭，她才看到了人與人關係中更為普遍的存在：控制與被控制，爭奪與被爭奪，以及由此引發的無數種情感的複雜交織。

這種對於人際關係更深層次的覺察，讓她體會到了關係中更接近人性本質的東西。在一段關係裡，我們彼此是否能

夠給予對方想要的東西，這是我們對於一段關係能夠主動去
把握的部分。這樣的換位思考，對於習慣了以自我為中心的
她來說，無疑是一次階段性的自我突破。創傷中蘊藏著巨大
的能量，人可以從創傷中獲得新一輪的成長。

·········· 離婚後的心理變化 ··········

　　面對離婚這樣一個既定事實，人們往往會經歷一系列很
奇妙的心理過程。首先是面臨外在衝突期，特別是當人們過
度地活在別人的眼光當中時，會對離婚懷有很深的羞恥感，
認為離婚是一件不道德、不光彩的事情，甚至會把這種羞恥
感指向自身，認為只有不好的人才會離婚。當時來訪者就背
負著非常大的壓力，因為當初她的結婚宴席是非常盛大隆重
的，幾乎所有的親朋好友都出席了，所以她會覺得如果離婚
自己好像對不起所有人。

　　這個無比沉重的想法如同枷鎖一般，帶給了她非常大的
壓力，讓她在離婚的初期不敢回家。其實後來她發現，她的
父母親友是能夠接納離婚的，不能接納的情形更多來自她的
消極猜測。這些客觀存在外加主觀想像的外在壓力，是外在
衝突期最主要的痛苦來源。我們會發現，我們對於周遭想法
的關注和重視程度如此之大，以至於我們往往不是為自己而

活，而是活給社會上的其他人看。

　　隨後進入內在衝突期，人們會陷入很深的自我矛盾中。一方面會有本就想離婚的想法，因為婚姻關係的糾結過程令人痛苦折磨。另一方面不想離婚的念頭又會冒出來，然後想去解決婚姻當中出現的問題，而不是解決婚姻，畢竟離婚所要面對的生活不確定性會更大。人們在矛盾掙扎中會發現，自己哪一個想法都不敢去面對，然後在幾乎沒有餘地的夾縫中徘徊不前。

　　來訪者在經歷了衝突時期內心的質疑、否定、迴避和逃避之後，慢慢就進入了承認、面對、接受和接納的狀態。心理諮商在此期間給她提供了一個內心的緩衝空間，讓她在經歷不同內心時期的時候都擁有來自他人的穩定的支持。

·········· 婚姻狀況不是標籤 ··········

　　有一個很有趣的現象，有很多處理離婚問題的來訪者，甚至有一些年輕的「七年級生」，會由父母直接出面代表自己去戶政事務所辦理離婚手續。離婚的當事人會有很長的一段時間處在一個不願意面對現實的逃避時期。特別是離婚的女性，會產生一個很強烈的念頭，覺得一場失敗的婚姻，讓自己從一個女孩一下子變成了一個離異女人。這些在社會輿

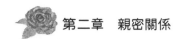

論中的敏感詞語印刻在了她們的心裡，變成了一張張個人標籤，使她們形成了比較消極的自我認知。

來訪者在這種消極認知之下，感到十分內疚和羞愧。當她在諮商師的成長小組中和學員們一起交流分享的時候，她是絕口不提自己的離婚經歷的。直到有一次她在團體中被觸動後嘗試自我開啟，和大家分享了自己從結婚到離婚所經歷的痛苦糾結。之前交流婚姻感悟的時候，她都是在說自己的丈夫如何，直到這次的勇敢開啟，她才開始去使用前夫這個稱謂。

她也坦言，之所以一直隱瞞自己離婚的事實，是因為很擔憂團體中的學員看不起她，更怕大家覺得離婚是由於她自己哪裡不好。但是在嘗試開啟之後，她得到的更多的是理解和接納。她也發現，一個人心境上是否真正快樂舒適，和結婚與否、離異與否，都沒有太大的連繫。當她逐漸剝離掉自己假想中被外界附加的標籤之後，她才開始凝視真正的自己。

·········· 治癒過去的依戀創傷 ··········

從個人成長的角度來看，婚姻關係的解除其實也意味著真正成為一個獨立的單身女性，更有能力也更有權利來定義

自己想要的幸福。在自由定義的時候，生命豐富的可能性也在慢慢展開和呈現。如果幸福的定義是找到理想的戀愛關係，那麼此時此刻，身為一個單身女性，你便擁有了更多選擇的可能性。如果幸福的定義是其他，你也擁有了體驗更多生命狀態的可能性。一個階段的過去，也意味著下一個階段的到來。如果在此時，你能夠去主動進行自我覺察和自我審視，那麼告別過去，你就會開始孕育新的生命開端。

如果把離婚視為人生經歷的創傷事件的話，我們可以看到，人們是可以在創傷中發展出具有啟發性的自我成長的。而另外一方面，離婚還是會產生一些比較負面的內在影響，比如會讓人們對於未來可能出現的親密關係抱有比較低的信任感和比較高的警惕性。當人們想要去規避過去的種種錯誤時，人們往往也會發現，上一段親密關係中存在的問題，在下一段婚姻關係中還是會存在，而且經常會變本加厲地循環往復。

我們未完成的功課

當我們沒有意識到成長需要的改變來自自己的時候，其實我們還會抱著和過去同樣的態度和信念去尋找下一段關係。人們不斷地奔赴下一段關係，期待下一個人能填補內心

的空缺，然後失意地發現這個缺口越填越空。因為有些空缺只能我們自己填補，這是上一段關係留給我們未完成的功課。在這份功課裡，我們需要意識到，在離婚這件事上自己需要承擔的責任，需要提升和改變的內容，特別是需要好好看見真正的自己。

正如這位來訪者，從小到大一直生活在被過度保護的環境中，累積了太多為人處世和待人接物方面未完成的功課。一場突如其來的離婚，才讓她邊痛哭邊回過頭去撿起那些需要去完成的人生功課。她開始去重新梳理家庭關係，學會為父母考慮周全，學會承接來自父母的情緒和需求。她開始去重新審視親密關係，學會經營和維護一段平等而長久的關係。她也開始去重新思考職業規劃，開始想要走出溫暖的庇護，有了想要透過自己的力量和這個世界交手的心。

我們會發現，每個人都有屬於自己的人生功課要去完成，這些功課出現的時間點也千差萬別。有些人恣意妄為了許多年，才學會真誠體貼地去對待身邊的他人。有些人循規蹈矩了幾十載，才開始嘗試遵循自己內心的意願去展開生命。它們出現的時機我們往往預測不了，卻也知道無論早晚，我們總是難以躲掉。

既然如此，我們也可以嘗試用一種面對功課的心態來面對人生中出現的種種變故。當我們聚焦於變化的內容能帶給

我們什麼成長時，變化本身也就沒那麼重要了。於是，我們的內心建築就這樣經歷一次次的剝離、瓦解，甚至是坍塌，然後一層層地建構出更為堅固的層面，讓我們在新的高度上看到想要的風光。

假想阻礙：再婚是勇於再次依賴

——「人生的奇幻玄妙就在於，每一次的絕望墜落，都把自己的人生帶到了一個更清晰、更開闊的境地之中。」

諮商案例

在上一章裡，來訪者在不到一年的時間裡經歷了結婚到離婚的全過程。在她離婚後，她的整個情緒都沉浸在很深的憂鬱和焦慮狀態裡，不能正常上班工作，睡眠也出現了嚴重的問題。這種狀態也讓她的爸爸十分驚慌害怕，於是帶她到了當地的精神病醫院去檢查，當時醫生診斷她為中度憂鬱。後來她在諮商師的陪伴下，逐漸意識到了原來自己要去慢慢關注自我，尋求自我。也是透過一對一諮商和團體成長，她開始了自我覺察和自我改變的成長之路。

　　她在認同和認可自己的諮商師之後，先是把她的爸爸媽媽推薦來做諮商，隨後又把自己的哥哥也推薦過來，因為她覺得他們都面臨著很大的壓力和焦慮，希望透過心理諮商讓他們也得到陪伴和支持。雖然後來考慮到諮商師和來訪者之間多重關係的影響，諮商師並沒有為她的親友家人做諮商，但是透過這件事可以看到，她特別渴望和一個信任的人去建立一段穩固的關係。

　　在她覺察自己親密關係的時候，她用了將近一年的時間，一方面是來處理她和前夫之前的情感糾葛，另一方面，她也在諮商期間，嘗試著談了幾段短暫的戀愛。後來當她發現對方身上可能有些與自己不合適、不相配的地方，她就與對方慢慢地分開了。直到她認識了一個做教育培訓的男朋友，非常優秀而且上進，兩個人在相處交流的過程中發現彼此非常契合。於是兩個人就開始嘗試交往，來訪者也坦承了自己的婚史，並得到了對方的理解和接納。兩個人就一起不斷成長，後來走進了婚姻。

我們的假想阻礙

　　他們兩個人剛剛在一起的時候，她還讓當時的這個男朋友來參加我帶領的團體小組課，並且之前還完全沒有告訴

我。直到後來團體課上到了第三次，我感受到他們兩個人在小組互動的時候彼此眼神不對勁。下課後我就問她，這個男生是不是喜歡她，因為在小組內是不可以產生組員之間的戀愛關係的。她就坦白告訴我，這是她的男朋友，之所以把他帶到團體裡也是想讓諮商師了解一下他，幫自己把把關。

可以看到，其實離婚這件事對她的影響還是很深遠的。特別是面對未知的親密關係，她會有很強烈的不確定性和不信任感，阻礙她投入對關係的感受和體驗上。這份不確定更多來自她自己，不知道自己的離婚身分能不能被接受，也不知道自己能否有勇氣和能力去重新建立一段親密關係。這份不信任更多的是對另一方，擔憂他是否會像上一個人那樣對自己帶來傷害。

隨著兩個人的感情越來越深，相處得越來越好，她之前的很多猶疑和害怕都漸漸消失了。其實我們很多的內心阻礙都來源於自己，假想敵也好，假想的重重困難也好，甚至是假想的世俗眼光與他人評論。這些假想把我們限制在了腳下的狹小空間和規定路線裡，讓我們忘了去推開面前虛掩著的門。有時候試一試才會知道，很多通往未來的大門並沒有我們以為的那麼沉重。

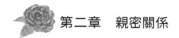

·········· 親密關係的多重角色 ··········

　　當她想要去經營親密關係的時候，她也開始和諮商師探討，如何去和自己的男朋友相處。她的男朋友從小父母離異，和爸爸一起長大，媽媽則很少出現在他的生活裡。面對從小缺失母愛的男朋友，她開始嘗試主動去滋養對方。她不僅想要做一個好的女朋友和妻子，還想要生長出姐姐甚至是母親的力量來支持自己的另一半，讓他獲得一直缺失的溫暖和柔軟。

　　我們經常會在一段親密關係當中看到父親和女兒的影子，看到母親和兒子的影子，還有老師和學生的影子，等等。在不同的時刻和不同的場景裡，很多關係角色的成分都會流露出來，讓我們獲得比愛情本身更為豐富的體驗。當我們在感情裡觸碰到愛情、親情、友情的溫暖時，我們也在多重的關係裡得到多重的陪伴和療癒。

·········· 從餵養到獨立 ··········

　　在感情愈加穩定的同時，她也在對內尋求自己遲到多年的成長。首先，她想要去獲得經濟上的獨立，於是開始思考和處理自己和金錢之間的關係。她之前是完全沒有金錢意識的，因為從小家境優渥，她從未體驗過金錢的匱乏和生活的

拮据。她之前的薪水一個月只有兩萬多元左右，但是父母和
親友經常會匯零用錢到她的帳戶裡，而且她還拿著父親信用
卡的副卡。因此她即使年過三十，還是活在一個孩子的狀態
中，被愛和金錢長期餵養著，不願意長大。

當她想要在工作上提升自己的時候，她開始規劃自己的
職業發展，為工作投入更多的熱情。當她後來因為業績出色
得到提拔時，她在這份工作裡找到了從未體驗過的自我存在
感。過去的她雖然生活看似無憂無慮，但是她會覺得自己很
失敗，不僅薪水微薄難以經濟獨立，而且在工作內容上也沒
有值得自己驕傲自豪的地方。她每天如同和尚撞鐘一般，完
成任務時間到就下班。

後來的她不僅學會拓展工作能力，建構出事業帶來的核
心自我支持，她還會去幫助男朋友發展他的事業。她陪著男
朋友一起創業去做教育培訓機構，也慢慢學會了整合資源，
利用自己工作、家庭和朋友的優勢資源來幫助學校的發展。
在這個過程中，她不僅從一個被餵養的狀態走入了自我獨
立，還漸漸進入了一個為他人帶來能量，發光發熱的狀態
裡，體驗著付出與獲得的雙重滿足。

············· 走出依戀溫床 ·············

　　在經歷了人生的重塑再造之後，再去回看她剛來到諮商室時的內外狀態，會有非常強烈的反差。曾經的她如同一個十幾歲的小女孩一般單純，她的笑容和眼淚讓人感覺特別簡單。她對人很直接，喜歡和厭棄，還有內心的想法都清清楚楚地寫在臉上。同時她內在又有小女孩身上的那種自卑和害羞，面對想獲得的東西不敢去爭取。在離婚協商期間，她把本應該屬於她的所有權益全都放棄了。直到後來她才覺得，原來應該為自己主動去爭取些什麼。後來慢慢變得強大自信的她，也開始勇於向生活去爭取自己想要的東西。

　　我們會看到，一個人的成長具有很多層面，這些層面的重組和修正會迎來一個人的整合性成長。在諮商的過程中，諮商師把她依戀關係的問題慢慢轉移到核心的自我成長上面，透過建構自我成長來建立她對於親密關係的理解和認知，然後建立她對於工作職業的信念和能力。而所有這些成長性的自我變革，都依靠她不斷形成的核心自我力量。

　　後來她在回顧自己這幾年的成長經歷時，對於自己的覺察和思考特別深刻動人。她覺得過去的三十年裡，她一直活在爸爸媽媽和整個大家庭帶給她的無條件的保護和滋養裡。在這個依戀的溫床裡，她內心始終停留在小女孩的狀態中。

被安排好的學校，被安排好的工作，被安排好的婚姻，這一件件構成了她被安排好的人生。當生活出現重大事件的時候，她就會採取小女孩那種任性和情緒化的方式來逃避問題，也逃避自己內心的恐懼和脆弱。

·········· 在獨立中勇於依賴 ··········

當生活不斷地餵養她和替她安排的時候，她也就理所當然地把依賴完全建立在周圍人的身上。隨後她在整合成長的過程中，逐漸實現了經濟獨立、情感獨立，還有自我內在的精神獨立。可是她並沒有在獨立中止步，而是在獨立中尋求新的依賴。當她開始了一段新的感情，一切彷彿回到了原點，可它們卻是在一個更健康、更流動的層面上真實地發生著。

當她再次步入婚姻，她開始用自己生長出的愛的能力去創造和經營自己的小家。在結婚兩年之後，她就幸福地迎來了家庭裡的小生命。新生命的降臨，讓她體驗到從未有過的被完全依賴的感覺，這種被依賴的感覺也讓她產生了依賴，從而讓她在這段血脈流轉的關係裡，感受到依賴與被依賴的親密美好。現在孩子已經快要上幼兒園了，他們兩個人也在不斷的成長和支持中，找到了一種各自獨立卻又相互依賴的

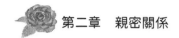

平衡狀態。

　　有時候生命好像是在種樹一樣，我們會在不同階段去培育樹木，然後得到不同的生長態勢。當我們的土壤貧瘠時，樹木就會枯萎。於是有些人放棄了，然後面對一團衰敗。但是還有些人會去滋養這份土壤，然後在豐潤的土壤中重新栽種，從而收穫一片葳蕤。人生需要重新栽種的勇氣和信念，它讓我們勇於凝視過往的依賴創傷，然後在獨立中勇於再次張開懷抱。

　　人們常說，獨立是成熟，獨立是勇敢，可是更為成熟勇敢的，是獨立之後勇於去依賴他人。勇於依賴，意味著勇於面對關係中的傷害與不確定，這是內心穩固的展現。而經歷過傷害的人，勇於再次面對傷害的可能性，這不僅僅是內心強大堅韌的展現，更是對於生命的摯愛與熱忱。我們說，創傷蘊藏能量，便是如此。

⋯⋯⋯⋯⋯ 來自生命的觸動 ⋯⋯⋯⋯⋯

　　後來的她還經歷了幾次更大的觸動，讓她感慨時間易逝，生命無常。以前的她對周圍人的認知還停留在童年的記憶裡，總覺得爸爸媽媽還年輕，還像自己小時候那樣年輕健康。直到有一次她的媽媽生了一場大病，她才突然意識到，

原來生活不是一成不變的，這個世界上有些人是會走掉的，有些東西是會消失的。還有一次她和爸爸吃飯的時候，突然發現爸爸頭髮花白，面容蒼老，身形屈曲。原來自己心中無比強大堅固的大山，也會面臨衰頹。

很多生命中出現的人，你都要眼看著他們經歷人生的四季變遷，眼看著他們從繁茂走到凋零。從前媽媽抱著她玩耍、爸爸背著她奔跑的時光，永遠都回不來了。在我們的世界裡，沒有人是永恆存在的，我們或是經歷遇見和分別，或是在一段或長或短的結伴同行中感受時光的流逝。在我們的世界裡，也沒有哪個瞬間是可以完全複製、重新上映的。就像人不能再次踏入同樣的河流，不能在同一個風景裡再次看到同樣的光影。今時今日，此情此景，此人此情，唯有一次。

於是我們說要珍惜。對於外在的人物、事件、場景，我們要去把握和享受。對於內在的自我心境狀態，我們要勇於品嘗生活的甜美和苦澀，並在苦澀中尋找更為持久的甘醇。就像這位來訪者一樣，她原本是被一場情感危機推進了心理諮商室，卻透過自己生命的勇敢和柔韌迎來了一場遲來的自我成長。當她走進嶄新的人生層面時，她對於父母親人、愛人家庭、工作事業，以及自我的感受與認知，都會有更深刻也更持久的把握和享受。這是我們對於珍惜的一種詮釋。

我們體會甘苦，然後品嘗出完全不同的層次滋味。每次走進一場人生谷底或是艱險困局，體驗崩潰、絕望和孤獨，我們都會覺得自己的路走不下去了，前面就是萬丈深淵，周圍就是無邊泥沼。可是人生的奇幻玄妙就在於，每次墜落之後，我們都還一如往常地生存著、生活著。而且我們會發現，每一次的絕望墜落，都把自己的人生帶到了一個更清晰、更開闊的境地之中。停駐在眼前的深淵，我們感受到的是對於未知的懼怕與不安；張開手臂迎接未知，我們便能把人生帶往一個嶄新的天地。

情感代際療癒：
既想讓他當丈夫，也想讓他客串父親

——「失伴和孤獨的深層恐懼是以自我生命為載體的，這份生命品質的陪伴離不開自悟和自渡。」

┄┄┄┄┄┄┄ 諮商案例 ┄┄┄┄┄┄┄

這個案例我重點想談的是婚姻裡的另一個現實，當人們經歷了一段婚姻，再進入下一段婚姻的時候，每個人想要追求的東西越來越不一樣，於是愛的成分越來越少，而現實的

內容會越來越多。來訪者在離婚之後，經由相親認識了現在的男朋友。這位男朋友是經商的，公司規模很大，達到了年產值數十億的等級，但是他在年齡上比她大了二十多歲。他們在一起的這兩年一直處於同居狀態，和他們一起生活的，還有男朋友的父母，以及男朋友兩任前妻的三個孩子。所以她一直打理著這個複雜的大家庭，而男朋友則常態性地在全世界各地出差。

在她的上一段婚姻中，她和前夫相識相戀於大學校園，兩個人研究所畢業後就順理成章地結婚了。婚後，因為前夫還要經營老家的公司，於是她就選擇了自己一人留在北部，找了一份高薪穩定的銀行工作，在這幾年間兩點一線地生活著。其實她原本是學表演藝術的，因為不喜歡圈子裡的風氣，畢業之後，她不僅沒有從事相關工作，也很少和周圍的同學朋友們來往。

她和前夫的核心問題在於，在這五年的婚姻裡，他們一年難得見面幾次。自然，他們的性生活就非常少，感情上也只是打電話、傳訊息交代各自生活近況，彼此對於對方都沒有好奇心和親密感。當雙方父母催促他們要孩子的時候，他們就會忍不住去想，這段婚姻的存在到底有什麼意義。於是兩個人很快就和平離婚了。來訪者到離婚的最後一刻都不清楚男方這幾年來的感情狀況，是在後來諮商的過程中慢慢發

現，其實男方在老家是有情婦的，只是她從不查問，堅持相信對方沒有出軌。

這場婚姻讓人覺得很奇怪的地方在於，兩個人的結婚離婚就像戀愛分手一樣簡單平淡，來訪者從來不花前夫的錢，也很少關注和關心對方的感情和生活。直到後來她和現在的男朋友在一起時，她才察覺到自己感情狀態的問題，從而尋求心理諮商的幫助。

創傷的代際連結

作為孩子人格成長的重要影響者，父母很容易把各自的創傷輸送給下一代，讓這些痛苦聚集在孩子身上形成新的創傷。回顧來訪者的成長經歷，就涉及她母親在她童年時期的婚外情。她的媽媽外貌才藝都很出眾，在劇團擔任演員。自視頗高的媽媽在年輕時很想嫁給當地市長的兒子，然而她在戀愛期間經歷了一場意外懷孕，因此後來兩人產生紛爭就沒有走到結婚。隨後，母親就遇到了她的父親，一個性格內向踏實、學歷跟文化內涵很高的男性。可是結婚之後，她的媽媽一直打從心底看不上父親的平凡普通，然後在來訪者的成長期間，不斷遊走於家庭之外，和不同的男性保有曖昧密切的關係。

讓來訪者印象很深刻的是，爸爸有時候會和她把這些事情擺明了攤牌討論，甚至會讓她代替自己出面去接媽媽回家。於是，來訪者在很小的時候就經常看到媽媽坐在一群男性中間喝酒談笑，還曾經撞到過媽媽和一個官員叔叔的親密約會。從很小的時候開始，她感受到的感情就與家庭糾葛和痛苦悲傷交織在一起，於是感情就成了沉重和混亂的代名詞。負擔承載不了就會走向隔離，後來的她對感情和親密關係都有著很深的封閉。

　　愛情這個美好的字眼難以觸發她的感受，更難以引發她的熱情和嚮往。在大學期間，她在周圍同學眼中非常高冷獨立，並且難以接近。直到她的前夫熱烈追求，她才進入她的第一段情感關係。她在成人情感中尋求治癒童年情感創傷的機會，而創傷也讓她在成人世界裡一次次地碰壁和跌倒。由於內在深層的不認可，感情歸宿對她而言，是一個沒有信任感和安全感的所在。在後來離婚之後，她發現自己其實很喜歡沉浸在一個人孤獨的狀態裡。

缺憾與需求

　　諮商到了中後期，她才真正發現，自己對爸爸的依戀是很深的。她的爸爸中年事業不順，狀態低落，有著很明顯的

憂鬱傾向，一直沒有給過她身為父親應有的支持和引導。而前夫吸引到她的地方，剛好在於他的少年老成、性格成熟、處事幹練。離婚後，她也嘗試和很多男性約會，她發現那些讓她產生感覺的男性普遍比自己年齡要大很多。她渴望能從對方身上獲得缺失已久的溫暖和力量，希望對方既能扮演丈夫的角色，又能時常客串父親的角色。後來，她在三十歲的年紀和一個五十幾歲的男性在一起了，但沒過多久她就發現，對方只是和妻子長期分居，並沒有真正地離婚。

　　對來訪者來說，過往的缺失源源不斷地製造並放大著當下的需求。她在感情上最想要的是陪伴，而這個男朋友最無法給她的，也恰好是陪伴。中年事業有成的他常年遊走於亞洲各個國家做生意，此外，他還要分出精力照顧前兩段婚姻裡兩個前妻留給他的孩子們。他們在一起之後，男朋友在出席商務應酬場合時都會帶著她，可是這種形式上的陪伴卻代替不了她想要的那種純粹投入的身心陪伴。此外，當她想要感受那份未曾體驗過的熱烈浪漫時，忙於事業社交的男朋友也無法給她這樣的情感濃度。

　　她還想要寵愛，希望男朋友可以彌補來自父親的缺憾。在她的記憶裡，有關父親的畫面都是他一個人沉默不語地喝茶下棋，很少有眼神望向她的時刻。從考大學、找工作，再到戀愛結婚，她都是自己一個人做決定，做完再通知父母。

如今，她和父親的關係十分疏遠，一年也難得電話聯絡一次，一家人天南地北地各自過各自的生活。因為沒有感受過父親的引導和寵愛，這些體驗上的空白讓愛的能力難以在她的身上扎根生長。所以當她面對男朋友的時候，她並不知道如何理所當然地去索要，如何自然而然地去爭取。我們所說的七情六慾是流動的，在她的世界裡卻始終是凝滯的。

·········· 為什麼生活在一起 ··········

來訪者看到過形色各異的情感關係。她看到過大學同學為了在演藝圈生存，與商人老闆曖昧周旋的包養關係。她看到過父母重新復合之後各自活在自己的世界裡，卻能夠彼此照顧的相伴關係。她也體驗過懷抱需求卻無處投遞的依賴關係。為了想獲得的東西走進一段關係裡，卻發現這些想要的或許能短暫體驗到，卻難以持續獲得。隨著浪漫的退潮，情感關係總會浮現出人際關係所應有的平淡與繁雜。

和男朋友在一起之後，她要學著去面對最基本的生活。首先是現實問題，面對這個龐大複雜的家庭體系，如何在平衡二人關係的同時，還能處理好和他前妻的孩子們之間的關係。還有，在事業無比成功的男朋友面前，自己是否要去擁有一份事業讓自己變得獨立。其次是實際經營問題，特別是

生活內容的建構，需要對理想有信心，對現實有耐心。這些都是她站在當下和面向未來時，要去慢慢形成的自我能力。

從戀愛到婚姻再到生活，每個階段都難免會形成落差，把人們帶到未曾想過的境地。當生活的不易性不確定性日漸突顯，好像期待的關係在慢慢變質，但這也是關係回歸到本質的過程。我們很難把自己的人生過成一段段纏綿悱惻的藝術電影，或是起伏誇張的八點檔電視劇。浪漫主義展現了閃耀時刻的極度眩暈和刺激，現實主義也告訴我們，不能讓過度的跌宕消耗掉我們對平凡微小的幸福的敏感度。

兩性的心境矛盾

我們回看來訪者的這個男朋友之前的情感經歷，也會發現許多很有趣的現象。他一直很想找一位傳統意義上的妻子，但他找了幾個女朋友之後，發現她們真正想要的都是他的錢。而且她們要錢的方式並非直接索取，而是想借助他這個男朋友的資源地位來建立自己的事業。所以他後來也很鬱悶，幾段感情都沒有結果，倒是成就了兩個女朋友開公司，並且她們的公司還持續欠著他數千萬的貸款。他會覺得自己在女朋友們眼中的角色，並不是一個男朋友，更像是一個事業投資人。

如今，社會上會有一些極端女性主義的聲音，極力鼓勵女性去壓倒男性，但我始終覺得這個觀點是一道偽命題。正如這位男士的前女友們，她們成立公司創業，追求的是對自己人生財富的極大成就和滿足。在藉助他的資源和人脈的時候，在無止境地拖欠他錢款的時候，她們對他的態度是很矛盾的，既有需求性的靠近與仰望，也有利用性的壓抑與輕視。她們對自己的態度也是很矛盾的，常常會在自我認可與自我否定之間游移。這種對他人和自我的矛盾性，也是很多女性在兩性關係裡的心境縮影。

　　這種矛盾性也會令人感到有些悲哀。當這些女性贏過了絕大部分男性，得到了絕大部分男性都想要的東西時，她們還是要回歸到當下相互依賴的男女關係之中，或是走向更高級別的男性尋求新的依附。我們不否認有不少女性可以居於萬人之上，建構自己的王國，但絕大部分女性還是會被強大的自然法則拉回到兩性關係之中，回到普世意義的社會秩序裡。

　　從婚姻制度的角度來說，男女分工越是差異化，其實婚姻是越穩定的。當女性開始尋求很多過去只屬於男性的東西，彼此之間就會需求有所下降而競爭有所提升，然後兩性關係就會變得越來越不穩定，甚至呈現出劍拔弩張的態勢。但我也覺得這是當今社會最大的公平，因為它帶給了我們，

特別是女性更多選擇的可能性。只是在開拓人生路的時候，女性需要認清自己與男性之間的關係，自己適合與男性形成何種相處模式。如果工作上與男性不斷地相互利用和競爭，生活上對男性不斷地靠近或逃離，然後讓自己陷入混亂矛盾之中，我會覺得這是一件得不償失的事情。

生命品質的陪伴

很多人在尋找另一半的時候，是帶著需求出發的。可還是有那麼多人不斷碰壁，最終鎩羽而歸。從心理諮商的角度來看，其實大部分人並不像自己所以為的那樣了解自己真正的需求。來訪者覺得自己想要的是陪伴，於是她在戀愛期間在男朋友身上不停地尋找著。可是，當男朋友給予陪伴的時候，她卻體會不到理想中的那份填補和滿足。她沒有意識到，自己想要的陪伴實際上是一種生命品質的陪伴，而現實中沒有一個人能夠做到。

當她感受到孤獨的時候，這份孤獨，除了成人世界裡的寂寞和孤立之外，還有她童年時期的悲傷和孤單。不同時期的感受、需求融合在一起，這道量身定做的難題她自己都難以拆解。當這道難題落在男朋友眼中，他能夠給出的答案只是女朋友是不是又不開心了，然後帶她去看電影吃晚餐。

在餐桌上，她看著對面的男朋友，他不僅無法理解自己的情緒，還時不時地跟客戶打電話談工作，於是她更是體驗到了關係中的冷清。

想愛而無感，求愛而不得，於是她慢慢沉入很明顯的憂鬱情緒裡。對於男朋友的現實陪伴，她常常覺得這不是她真正想要的，但那份空蕩蕩的悵然卻又說不清理不明。她也總會控制不住地去想，比自己大很多的男朋友將來萬一不在了，自己該如何面對生命中的失伴和孤獨所帶來的深層恐懼。可是這種恐懼是以自我生命為載體的，難以交由他人去承載和寄存。每個人都需要背負著它，獨自攀登和度過，才能完成這份自我生命的使命，才能讓生命滿溢自己愛自己的光彩。

人與人之間的悲歡並不相通，人與人之間的想法也難有太多共鳴。在來訪者過去的時光裡，他人在她心上來來回回走了幾遭，腳步輕輕，甚至沒有留下什麼痕跡。這種關係上的冷清，是她無比熟悉的，也是她一直想要逃離的，但她也一次次地逃離失敗。於是，後來的她就放下了這段令她疲累的情感關係，開始嘗試一個人去獨自生活。悲喜自悟，人生自渡。雖然並不知道離開諮商室後她的人生會經歷什麼，但相信她會體驗到，做自己人生的定義者和賦予者，是一種怎樣的篤定安穩。

自我邊界感：
男性帶來的保護與傷害

──「成為自己人生的建築師，為人生大廈建立起一個又一個的支點，生命才能擁有聳入雲霄的本錢。」

諮商案例

這位來訪者和前夫離婚之後，就獨自一人帶著女兒生活。女兒在上國中的時候被診斷為憂鬱症，於是她定期帶著女兒到某醫院的精神科進行治療，同時也讓孩子做著心理諮商。隨著她對諮商的接觸，她自己也想找一位諮商師來梳理自己過往的人生，也讓那些一直以來無從傾訴的情緒和雜亂有一個出口。

在此期間，她換過多位不同流派、不同風格的諮商師。她後來也告訴我，她在骨子裡是很清高的，很難會有一個諮商師能夠讓她看得上眼。於是她就在隨後兩年的過程中不斷尋找，直到她想選擇一位男性諮商師，而且要選擇諮商價格最高的，後來諮商助理就把她轉介到了我這裡。

在她講述自己情感故事的過程中，除了情感關係的雜亂，我也感受到她的內在出現了很大的混亂。自我的主體混

亂，讓她陷入很深的壓抑和悲傷裡，也讓她對自己感到迷失不安。她的敘述會讓人很明顯地發現，她內心存在著三個子人格。一個是停留在童年時期的小女孩，這是她一直在努力保護的內在部分。第二個子人格，是她幻想出來的年輕男孩子，勇於披荊斬棘，對抗巨龍，這是她展現生命力和行動力的部分。還有一個子人格是白髮蒼蒼的老者，常常讓她覺得自己看盡世間滄桑。

這些子人格交織形成的主人格，讓她在現實生活中具有非常強烈的男性色彩。俐落的短髮、剛毅的眼神，構成了這位女性很獨特的個人魅力。在她的情感經歷中，我們能夠看到她在種種糾葛中對於男性和自我的矛盾心理。

·········· 兩極化的情路選擇 ··········

她在結婚之前的戀愛經歷是很豐富曲折的。她在大學期間談過一場刻骨銘心的戀愛，用她的話來說就是風花雪月的終極浪漫。她當時的男朋友是她的輔導老師，比她大十幾歲，因為學校不允許師生戀，當戀情被曝光之後，他們就面臨著被開除的境地。於是，她的男朋友就直接辭職離開了學校，而她一個人則被學校記過處分，好在最終安穩地畢業了。

這場風波讓她覺得，風花雪月無異於鏡花水月，愛情也

許是自己人生裡極為虛幻的奢侈品。這次創傷性情感經歷給
她帶來的喪失感和不安感，讓她在後來很長的一段時間裡一
直卡在這個狀態。這種喪失感和不安感，也直接或間接地影
響著她後來的情路選擇。

　　後來離開學校之後，曾有三個男性對她進行過熱烈的追
求。一個是當地副市長的兒子，經常熱情邀請她參加各種活
動，百般花招地追求她。但她覺得自己不能嫁入豪門，擔心
自己會成為失去自由的金絲雀。所以在和對方相處了幾次之
後，她就比較委婉地拒絕了。還有一個男性是當地一個很有
錢的商人，在她身上花了很多金錢和時間，但她從心裡很看
不起這種一夜暴富的商人，在被追求的過程中，也表現得視
金錢如糞土。

所謂平凡安穩

　　經歷過愛情的極大觸動以及對權力和金錢的不為所動，
她對於婚姻的期許，就從濃轉向了淡。相比於風花雪月，平
凡安穩看起來是個遠離創傷的選擇，不會讓她再次捲入傷害
裡。她後來選擇了一個十分平凡普通的男性，一個木訥的工
程師。他性格內向，心境平和。於來訪者而言，和他的生活
平淡卻也安穩。她對這個丈夫談不上愛和喜歡，也談不上討

厭，只是為了能夠有一個安定長久的家庭生活而選了一個自認為合適的人。

她放棄了豪門和富商，遠離了愛情這份奢侈品，想要換得生活的穩妥。最開始，她和丈夫的婚姻生活如她所願般靜好安穩。直到她懷孕生產之後，她發現眼前的這個丈夫並不能支持她，相比之下，自己最初所求的那份安穩，在現實面前也變得越來越不重要。

而且男方因為工作被長期外派到了南部的一個城市，新生命剛剛降臨，他們就要兩地分居。

隨後，如同很多遠距離婚姻故事的走向，她發現男方和別的女性生活在了一起。於是她很堅決地選擇帶著女兒離婚，即使半分不拿也絕不回頭。她才發現，原來婚姻裡的平凡安穩如同休眠期的火山一樣，平靜的外表下面也有著能量的湧動。這將近十年的婚姻，並沒有為她留下什麼值得留戀的有形或是無形的東西。

⋯⋯⋯⋯⋯ 預設下的男性關係 ⋯⋯⋯⋯⋯

這段婚姻記憶對她而言充滿了傷痛。每當她在諮商室裡談起男性，就會說你們男人如何如何，為何婚姻裡受傷的總是女人。對她來說，男性是一個兼具保護性和傷害性的複雜

意象。雖然她對男性充滿了憤怒和敵意，可她卻讓很多男性化特質進入自己的體內。她在講述自己的成長故事時，會把自己各個階段的照片擺成一排給諮商師看。讓人印象很深刻的是，二十幾歲的她長髮飄飄，目光溫柔，而三十歲以後的她則剪了俐落的短髮，特別是眼神中所傳達出的堅定剛毅，是她在諮商室裡最常見的樣子。

她被最原始的保護性吸引，然後讓男性化成為自己的一部分，來進行自我保護。可是與此同時，她也把傷害帶到了自我裡面，內在表現就是對自我的不認同、不接納，外在表現就是明顯的與自我不一致。這種自我體系的認知矛盾，也讓她後來與很多男性陷入更深的現實性矛盾裡面。

最主要的現實矛盾就是來訪者和男性上司之間的相處。公司裡的大主管是非常認可和賞識她的，他們相識的起因是一次公司內部的演講比賽，因為她表現得口才出眾，思維機敏，於是這個大主管就點名讓她去自己的辦公室擔任行政祕書。這個主管不僅對她十分照顧，還和下級主管打好招呼要培養她。可是每當主管想要帶著她去交際應酬，她都會表現出她清高孤傲的一面，斷然拒絕。

縱使大主管有心去栽培，她的拒絕配合也讓對方很難再繼續照顧下去。與此同時，另一位主管經常暗示她，想要把她調到自己身邊的一個更高的職位上。再度面對上司的示

好，這次她的反應更為明顯，直接就對這位上司表現出了疏離。兩度經歷男性的靠近，她都帶有強烈的主觀預設，把潛在傷害性放到最大。於是這位主管被激怒了，直接把她調到了一個冷清的部門裡。

•••••••••••••• 內心的衝突 ••••••••••••••

　　來訪者的相貌並不算十分出眾，但是很會穿衣打扮，在公司裡也算是引人注意。而且她對身邊男性領導的疏離態度，和很多女性的親近姿態形成了鮮明的對比。這種難以馴服的性格也吸引了很多權威男性。後來，她也經歷過男性上司應酬喝酒之後對她的告白，甚至是值班期間對她的騷擾行為，但她的拒絕態度自始至終都十分穩定且堅決。直到有一次上司惱羞成怒之後，直接教訓她所在的部門，於是她的部門主管就反過來去教訓她，讓她以請病假的方式長期放假。接二連三的職場打擊，是導致她憂鬱情緒爆發的主要原因。

　　女性在職場上和男性上司一起應酬是很難避免的，很多女性會選擇掌握好一個分際，可她一心只想完全杜絕。我們會發現，這位來訪者對於男性的複雜心理，是在過往經歷的累積中一路累積下來的。有意靠近的男性如同壓力來源一般，會觸發她強烈的挫折和衝突感受，從而引發其緊張性應激反應。

在她眼裡，男性的靠近都是別有所圖，都是想要陷害她或是利用她。當她在夜晚值班被上司騷擾的時候，她會直接把上司劈頭蓋臉地罵一頓。然後等待她的就是她所在的整個部門的獎金被扣，考核被負評。一樁樁事件下來，這些負面結果更是進一步地強化了她的認知。自己的無端被看重和無端被整都難以透過個人能力和工作態度來解釋，於是她最終只能歸結為一句：紅顏薄命。

我們會看到，她和男性上司的關係，與過往她和男性的情感關係有著很高的相似性。她內在既想獲得男性的關注和認同，又對想要的關注和認同持有警惕和戒備。也是因為她的種種舉動，讓傷害性與保護性兼有的男性形象變成了徹底的傷害性存在。所以她會多次在諮商室裡感嘆，覺得這幾個男性的出現幾乎毀掉了自己的前半生。

邊界感的入侵

這個個案中有一個很有意思的現象，就是她在和男性的關係裡，自我邊界感的度始終都沒把握好，與他人的關係就難以收放自如。她出眾的氣質和能力，自然會吸引異性的靠近，這也是她尋求關注認同的展現。可是，強烈的應激性也會讓她把一些善意友好的靠近者視為自我邊界的入侵者。於

是，她會透過輕蔑、鄙視，甚至是羞辱，來把對方推出去。這種十分剛硬的回應方式，使得很多原本可以走向良好的關係最終走向了傷害。

她的邊界感還展現在她的超我部分上面。一直以來，她的內在超我都告訴她，只有自身的出色優秀才能引起關注和認同，這是她內心堅定不移的信念。可是在職場上，她會黯然發現，往往別人對她的看重並不來源於她的能力，即使有出於能力的成分在，動機也並不單純。自己的價值信念和周遭環境所奉行的標準相去甚遠，長期的差異性不僅會強化她的邊界感，還會把她壓抑許久的對抗性激發出來。於是，在酒桌勸酒的時候，很多上司都會透過玩笑、勸說，甚至是恐嚇的方式來勸她喝酒，可她並沒有選擇柔和婉轉的方式來解決問題，而是當著所有主管的面，直接把酒杯摔在地上。

因此，她會覺得在這個世界上沒有人愛她。其實更確切地說，是很少有人能夠突破她強烈的邊界感，消除她的種種防備和敵意，如同衝過一道道關卡一般地走進她的內心。後來在諮商的過程中，她也逐漸意識到她強烈的主觀預設對關係偏離的消極影響。正如最開始對她表示重視的大主管，她也在回顧中發現，對方並沒有表露出任何與她發展男女關係的想法，是自己的預設立場和疑心幫她印證了自身的猜想。

·········· 授予自己人生自信 ··········

當她想要改變的時候，她會不斷地詢問諮商師：誰能來拯救我？可以看到，她的內心世界是色彩分明的，她會預設很多的入侵者，也會預設一個拯救者。正如之前很多諮商案例所展示的，自己的人生還要自己來拯救，這會讓我們成為自己人生自信的授予方。如果寄希望和責任於另一個人，把自己的喜怒哀樂交給對方，那麼，自己就先一步成了自己人生的潛在傷害者。

後來直到諮商做了半年的時間，她才慢慢從傷害中抬起頭來，漸漸看清在這一場場傷害中，自己都扮演了哪些角色。於是，她想要走出過往，面對現實和關係。她以一種友善親近的姿態聯絡了最開始有意栽培她的大主管，然後重新回到了原來的部門職位上。認知的矯正和回歸，是她走出重複性過往的重要因素。然後她會發現，這一路上的機會和改變都是自己授予的，原來她幻想中的拯救者一直都被自己壓抑在心裡，無從發揮。

建構自己的支持系統，是形形色色的來訪者的殊途同歸之路。實現系統的支持性功能固然重要，但更為重要的是，這個過程的實現者是自己。如果說生命的歷程是形成一座大廈，那麼只有成為自己人生的建築師，為自己的人生大廈建立起一個又一個的支點，生命才能擁有聳入雲霄的骨氣。

移情：
當來訪者愛上了諮商師

——「後來，她和諮商師的關係所卡在的層面，正是現實中她和男性的關係矛盾糾結的地方。」

•••••••••••• 諮商案例 ••••••••••••

在上一篇案例中，雖然這位來訪者做諮商的時間並不長，但是她對諮商師卻呈現出了非常強烈的情感，使得諮訪關係成了諮商室裡面時常被探討的內容。隨著諮商的深入，她越來越關注眼前的諮商師這個人，並且關注於自己是否被關注著。此外，她開始試圖掌控這段諮商關係，關係裡的發展變化也時刻牽動著她豐富的情緒。

對於男性諮商師而言，面對這些帶著強烈情緒訴求而來的女性來訪者，兩性關係的把握就成了諮商關係和諮商效果的關鍵部分。談及來訪者對諮商師的情感，如果說移情和投射這些名詞有些抽象的話，我們可以透過這個案例，來看一下這位來訪者對諮商師的情感內容及情感走向，以及雙方如何透過諮商室裡的關係來重新經歷來訪者個體的生命歷史。

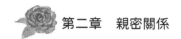

·········· 諮商室裡的關注 ··········

　　尋求關注與渴望被關注，是來訪者在諮商室裡很典型的表現，也是諮商師探尋來訪者人際模式的契機。從諮商的一開始，來訪者就十分關注眼前的諮商師這個人本身，而且這種關注已經從諮商室延展到了現實世界。她十分渴望透過蒐集外界訊息，來建構出一個活生生的人，而不只是一個坐在對面沙發上給予自己陪伴和療癒的角色。有一件令人印象深刻的事情是，她找到了我的個人社群網站帳號，並且把我最近三年的貼文從頭到尾全部瀏覽了一遍。隨後，她依據她所掌握的社交平臺訊息，對我從人格模式到婚姻狀況，進行了一個完整的個人分析，並透過信件寄給了我。

　　此外，她還對我的私人生活部分提出了一系列的建議和要求，例如著裝風格應該如何改變，飲食習慣如何能夠更健康等等。人們都有尋找人與人之間關係連結的動力，諮商室裡的關係連結就成了來訪者進行現實化的重要依據。於是，這個強烈的動力讓她對諮商師從關注和了解走向試圖影響和改變，然後慢慢演變成為一種情感控制。而她自己很難意識到，進入他人邊界裡並嘗試改變對方的行為，其實帶有很強烈的控制性。

　　來訪者也非常關注於諮商師有沒有在關注她。每次來諮

商時，她都會化精緻的妝容，搭配不同風格的衣服配飾，然後漂亮地出現在諮商師面前。在她發現諮商師並沒有主動談及她的外表時，她都會直接質問諮商師，為什麼沒有發現她外表上的變化，然後把這種不被發現上綱到不被關注的程度。當她認為自己不被關注，她就會感覺憤怒和受挫，從而表達不滿和攻擊。其實諮商師不主動談論來訪者的外表，是為了避免引起對方不必要的情緒擾動。

還有一次，在來訪者進行表述的過程中，諮商師自然放鬆地站起來，走到旁邊倒了一杯水。整個起身倒水的過程不過 5 秒鐘的時間，但是因為諮商師並沒有主動告知她，而是邊聆聽邊起身，後來她在下一次的諮商中花了 15 分鐘的時間來探討這件事情。她認為，這個起身的動作意味著諮商師不重視自己，不關注自己談論的內容。在整個諮商後期，來訪者對諮商師的移情都是十分明顯的，她會透過各種細節來判斷自己是否被諮商師關注著。

·········· 諮商室裡的掌控 ··········

在這 20 次左右的諮商當中，諮商內容從最開始的情感經歷和親密關係談起，然後慢慢過渡到了她和男性的關係上，直到諮商卡在了她和我這個男性諮商師的關係上面。在這個

被卡住的狀態裡，我可以感受到她對諮商師強烈的情感訴求，她渴望在交流互動中得到回應，渴望在現實連結中拉近距離，這些都是她對於諮商進度和諮商關係的掌控性。

當我收到她寫的個人分析信件之後，我並沒有給出回覆，而是選擇留到諮商室裡進行面對面的充分探討。等到了下一次諮商時，她直接質問我，自己花費很多心思寫了這麼長的一封信件，為什麼得不到回應。於是在接下來的每一次諮商中，她都會提起這件事情。對於諮商關係而言，當這些容易引發曖昧情愫的行為被放到諮商室裡進行語言交流時，它們才是最為安全和可控的，這也是對於來訪者的保護。

有時，她也會探討諮商關係走向現實化的各種可能性，比如，如果來訪者請諮商師吃晚餐會怎麼樣，如果來訪者約諮商師見面會怎麼樣，等等。此外，她也會對諮商師現實生活中的樣子很感興趣。她經常會在諮商過程中反問諮商師，你怎麼和你的妻子相處？你的情感和性生活是什麼樣的？雖然諮商一直在探討親密關係，但是很顯然，她想要探究的主體對象，已經從自己變成了諮商師。當諮商師想要繞過自我暴露的部分，她就會透過質疑和攻擊來表達不滿，例如，我覺得你的感情生活也沒經營好，你只會理論不會實踐，等等。

來訪者走進諮商室的時候，正是她人生的低潮期。當她

外部的支持系統幾乎全軍覆沒的時候，她會把精力集中在新支持系統的尋找和建構上面。這個新的目標就是眼前的諮商師，她希望她能把自己的情感和依賴通通交付給諮商師，於是，她會把諮商師的支持性進行高度的理想化和全面化。

而現實最讓她感到糾結的地方在於，為什麼她可以在諮商室內見到我，在諮商室之外卻不能和我建立關係。每當這個支持系統不能給予她支持的時候，她的憤怒和失望都會表現得十分明顯。認知到心理諮商是在特定環境下的特殊關係，是對來訪者很大的考驗。

從諮商室到現實世界的轉化雖然漫長艱難，卻是來訪者獲取力量來形成自我能力的過程。從這個角度來說，諮商心理師的陪伴也並不是完全陪伴，很多路還是需要來訪者自己來走。

她的掌控性也展現在諮商流程和諮商費用上面。例如，她會主動提出要求去推進或放緩諮商節奏，也會表達諮商費用過高讓她難以承擔。其實，以她的經濟狀況是完全可以輕鬆負擔這份諮商費用的。當她在表達對收費的意見的時候，她真正想要表達的是對於用金錢來換取愛和陪伴的不確定，這背後更是她對於諮商關係掌控性的不確定。這些諮商關係裡的小插曲，往往潛藏著意義深遠的線索。

·········· 重歷過去的男性關係 ··········

我們可以看到，投射與被投射，移情與反移情，在這個案例中展現出來的，主要是來訪者把她和男性之間的情感呈現在她和諮商師之間。在此之前，她體驗過兩位女性諮商師，直到她發現，自己有著明確的需求想要去處理她和男性的關係。當她找到一位男性諮商師來解惑的時候，這就意味著諮商從一開始就會有很多移情投射的成分，於是，諮商師會經歷時而被理想化、時而被貶損化的情感關係動力。

在梳理她每一個成長階段的時候，她都會在講述完自己的經歷之後詢問諮商師，你會如何看待那個時期的我？你對那個我的評價是什麼？可以看到，她一直以來都十分在意男性的目光，男性對她的評價是她評價體系中的重要組成部分。每當諮商師感受到強烈的移情和投射，例如，當她憤怒於諮商師逕自站起來倒水的時候，當她穿著性感來檢視諮商師反應的時候，都是很好的契機，讓諮商師去進入來訪者父親、男友、丈夫、老師等種種男性角色裡，去重新觀看她過去的生命歷史。

所以後來她和諮商師的關係所卡在的層面，正是她和現實中男性的關係被卡住的地方。她對於男性的情感是很矛盾的，一方面想要吸引男性，於是透過個人能力和魅力來獲取

對方的關注；另一方面，當對方被吸引想要靠近她的時候，她又會直接果斷地拒絕，並且認為對方對自己別有所圖。再往下探究會發現，她對於男性深層次的矛盾心理，來源於童年記憶中她媽媽和男性的混亂關係。

回到諮商室裡面，她強烈的掌控欲和尋求關注的欲望，其實並不是為了在諮商室之外與自己的諮商師發生私人情感關係，而是她內在的不安全感讓她不自覺地想要抓住穩定的東西，從而抵抗不穩定。這是她與男性內在關係裡最接近本質的內容，也是她內心最為敏感脆弱的部分。每次諮商深入這個地方，她都會表現出明顯的防禦抵抗。

對於這種成長性的諮商，如果有些關鍵話題會讓來訪者表現出明顯的抗拒和對立，那就表示這些內容在當下並不適合被開啟。我會選擇先放一放，留待更為合適的時機再做嘗試，否則諮商力道過重，對於雙方而言都會是一種傷害。在諮商後期的幾次嘗試過程中，她總是會在諮商室裡表達否定和質疑，但是在諮商結束之後，她經常會寫信件給諮商師理性地回顧和梳理，直至自我消化之後，她能夠試著去面對長期逃避和壓抑的那一部分自我。

身為諮商師，在這個案例中我所感受到的最大的考驗就是，當自身被捲入強烈的移情投射裡面時，依然要去當一個穩定的好客體，接住來訪者拋過來的情緒和困擾，然後讓來

訪者在經歷一次又一次的循環往復之後，在諮商師的陪伴之下，走向矯正性體驗，形成矯正性認知。

·········· 從諮商室走向現實 ··········

諮商終有結束，來訪者終要回到現實世界裡。於是，來訪者和諮商師之間的移情和反移情也需要被安放在合適的地方。在諮商關係分離的時候，我會更多地把這些情感停留在兩個層面。

一個是停留在諮商室的層面，因為無論它們被呈現成什麼樣貌，被探討得有多麼強烈，這些內容自始至終都是保密安全的。諮商室就像來訪者內心的樹洞一般，是一個豐盛而靜謐的存在。

另外一個就是心理層面，諮商在實現陪伴的過程之後，也應當停留在內心被療癒的地方。諮商師陪伴著這位來訪者，以丈夫、父親、男朋友、兒子、情人以及導師的多重身分，在她的人生之路上故地重遊，並且疏通了很多阻塞凝滯的地方。她後來也會直接告訴諮商師，自己有著很深的情感缺失，一直以來都像空心人一般，空無所依。所以從這個意義上來看，她對於諮商師情感上的依戀和依賴，也是她構築的內心所需要的持續性陪伴。

在她對諮商師表現出強烈的情感和掌控的時候，諮商師經常會去引導、澄清，甚至有時會迴避，但是我從未否認過它們的真實存在性。特別是面對這樣的來訪者，看到他們分崩離析的生活，看到他們無從構築的支持，諮商師非常能夠共情到他們對於全方位支持性客體的渴望。但是我們也需要看到，諮商室與現實世界之間確實存在著一道無從跨越的壁壘。

所以在我看來，讓諮商關係回歸到現實層面最有效的方式，就是來訪者能夠意識到諮商師的無力和無助。很多來訪者在關係即將分離的時候會告訴諮商師，他們發現，其實心理諮商也沒有太多現實的功能作用，很多時候自己無非是想要在領悟性的交談中，探討出一個意識層面的結論，尋找到內心世界的秩序。

對於心理諮商的理想化，是人們探求內心的開始；對於心理諮商的去理想化，是人們回歸現實的開始。於是，諮商產生的能量逐漸注入人們的身體裡，形成支持性和動力性的內在構造。他們會經歷感官與力量的逐步甦醒，然後在寒冬交接初春的人生時節裡，去感受，去體驗，去生活。

第二章　親密關係

第三章　婚姻家庭

內在小孩：
家庭裡的權力爭奪遊戲

——「女性獨自度過內心的波濤與暗流，使得身心枝繁葉茂，這是終其生命的完成與實現。」

·············· 諮商案例 ··············

女來訪者初次進入諮商室的時候，已經辭職並且和丈夫分居了。她出生於鄉下地方，一路靠著拚命學習和工作，考上了理想的大學，隨後在名校讀研究生，後來在銀行找到了很體面的高薪工作。在過去的人生裡，她透過不斷奮鬥，徹底地改變了自己的人生軌跡。在感情方面，她工作後不久，就透過相親認識了現在的丈夫，一個高中沒讀完就出來闖蕩社會的同樣為生活不斷奮進的男性。

從相親到婚後的前幾年，兩個人的目標是一致的，彼此之間的感情也非常深厚。雖然來訪者的丈夫不能像來訪者那樣閱讀文學、歷史、哲學，兩人缺少一些精神層面的交流，但是他也有自己的興趣愛好，喜歡種花養魚，並且把家裡打理得井然有序，兩個人可以說是典型的女主外男主內的分工合作模式。女方覺得，自己丈夫除了學歷不高之外，其他方

面都沒有問題，不僅外貌出眾而且還會持家，兩個人在一起還有說不完的話，於是他們就這樣自然而然地在婚姻中走過了七、八個年頭。在這個過程之中，他們彼此不斷地創造價值，也見證了對方的能量。

前年，就在來訪者懷第二胎的那段時間，男方恰好也處於事業的上升期，投資生意越做越大，工作也開始變得繁忙，夜晚酒桌應酬更是成為常態。而女方在懷孕期間渴望得到關懷和關注，但是男方很少給予語言上的表達和回應，行動上也因為工作排滿而無暇做到周全的體貼。女方覺得自己熱烈的情緒表達，只是得到了對方冷冰冰的敷衍，倍感傷心。隨後在生完女兒之後，她就從銀行辭職了，開始成為一個全職家庭主婦，全心全意照顧兩個孩子以及整個家庭。在兩個人家庭角色徹底對調之後，她開始體會到身為全職媽媽的負能量和低氣壓。雖然她把自己的生活安排得很充實，不僅健身寫作，還考各種證書，但是她總覺得自己的努力付出得不到丈夫的重視和理解。

因為近年來經濟環境不太好，特別是金融市場的風險壓力比較大，丈夫在投資方面連續挫敗，導致整個家庭氛圍比較緊張。此時，兩個人之間長期累積的問題和情緒，就透過兒子的教育問題爆發了出來。兩個人面對教育理念的分歧，誰也不肯讓步妥協，時常爆發激烈的爭吵，爭吵內容也從教

育問題延展到了生活的各個層面。後來女方就從家裡搬了出去，自己單獨租房生活，同時帶著對自己未來生活的不確定性走進了諮商室。

········· **家庭創傷的代際傳承** ·········

　　在對於原生家庭的了解中，諮商師發現來訪者的丈夫在成長過程中有很多值得探討的關鍵點。他從小就是家人眼中的問題兒童，特別調皮搗蛋愛闖禍。於是他的父母就採用了拳腳相向的打罵方式對他進行體罰教育。而與此同時，他的哥哥非常優秀聽話，父母一直以來都非常引以為傲，從不吝惜表揚之詞。另外他還有一個妹妹，全家把所有的寵愛都給了這個最小的妹妹。在這種環境下，來訪者的丈夫既得不到肯定，也得不到寵愛，一直都是一個得不到積極關注的家庭角色。他承載了很多來自父母的情緒，並內化成為自己性格的一部分。

　　這就導致了他內在強烈的不安全感，從而使他渴望在他人身上展現自己的存在感，證明自己的價值。他的這份努力一開始展現在事業上，透過成就一番事業來創造可觀的物質財富。雖然對於父母的過往頗有怨念，但是他一直都特別孝順，不僅每個月給父母充足的生活費，並且不斷地買昂貴

的衣物首飾和保健品給他們。這些都讓他在父母那裡獲得了自我滿足。當他找了一個在學歷和工作上都非常出色的妻子時，雖然內心深處會有自卑感，但他還是會透過在父母親友面前對妻子進行誇讚來強調自己同樣出色，從而再次獲得自我證明。

當他面對孩子的教育問題的時候，他堅持要求採用嚴苛的棍棒式的教育方法，這也正是當年父母對待他的教育方式。我們可以在這裡看到，家庭模式是如何從上一代傳遞到下一代的。所以我們也常常發現，人們多少都會帶著自己童年的痕跡來養育自己的下一代，使得很多創傷如同家族基因一般被代際傳承了下去。這種成長印記和缺失，往往在對孩子的教育模式上表現得特別明顯。

•••••••• 內在小孩之間的對抗 ••••••••

在兩個人面臨夫妻問題的時候，其背後更多涉及的是兩個家庭之間的成長性問題，更形象地說，就是夫妻之間內心小男孩與內心小女孩之間的時而親近、時而對抗的波動關係。

女來訪者從小就非常優秀並且強勢，堅信努力就可以擁有嚮往的一切，也一直都成功地展現了自己的能力和價值。

作為鄰里間唯一的一個大學生，這個優秀的小女孩從小就得到了周圍所有人的愛和關注。這也使得她內心的這個獨立的小女孩，如同一個小男孩一般，時刻充滿鬥志，也時刻準備透過奮鬥來獲得自己想要的東西。在面對自己的丈夫時，這個小女孩是非常驕傲的。而男方內心的小男孩，由於從小到大缺乏周圍人的重視和誇讚，則時刻渴望得到另一半的看見和肯定。

當兩個人面對衝突的時候，這兩個成年人的對抗模式更像是兩個小孩子在打架。在這樣的競爭關係下，他們都懷抱著一種一較高下的想法來面對對方。在溝通交流生活事宜的時候，兩個人往往不是為了相互理解配合來獲得協調平衡，而更多的是透過壓倒對方來獲得勝利。因此，誰都沒有看到對方的需求，誰也沒有從中滿足自我的需求。兩個無法和諧共處的小孩子，就這樣失落地轉過身去，獨自舔舐自己的傷口。

·········· 家庭控制權的爭奪 ··········

當他們兩個人的家庭角色互換之後，兩個人之間的競爭變得更加激烈，甚至演變成為一場爭奪。在家庭經濟方面，男方得到了自己存在感的展現，而女方則明顯感受到了自己價值感的消失。面對這種焦慮和無助，她採取了一種強硬的

爭奪方式，從家庭的大小決策到孩子的教育理念，都要自己做主，來保護自己全面的話語權。具體展現在兒子的教育理念上，女方主張自由放養，而男方要求嚴厲管教。女來訪者認為，自己的丈夫是想透過教育孩子這件事情來展現他的權威，讓自己認可他的正確性和重要性。在整個交鋒的過程中，兩個人都沉浸在非常糟糕的情緒裡，誰都沒有辦法心平氣和地坐下來和對方交流自己的想法。這場家庭話語權爭奪的結果就是簽署分居協定，然後女方選擇了搬出去租房生活。

當雙方面臨強烈不安全感的時候，往往會出現這樣的分歧和爭執。特別有趣的是，雙方在爭吵的過程中，並不是在爭論怎樣的教育方式對孩子更適合、更有利，而是在爭論兩個人誰是對的誰是錯的。他們一直聚焦在爭吵分歧的語言內容上，卻沒有關注到語言背後強烈的情緒與需求。隨後這場漫長的戰爭就會不斷更新，用女來訪者的原話來說，就是最後升溫到了一種「生死看淡，不服來戰」的毅然決然的態勢。

長期以來，對於進取和完美的執著追求，使得女來訪者什麼都想要，而且什麼都想做到最好。當高度期待轉變成高度失落的時候，這就會引發她之後的內在焦慮不安和外在爭奪對抗。這場對於孩子管教理念的分歧，實際上是雙方龐大無形的控制權爭奪戰的一個具體展現。

面對婚姻裡的不如意，束手就擒抑或獨自怨嘆，都不能為這段關係賦予更有意義的內容和價值。我們需要更多的理解和懂得，從而讓愛在持續的流動中給予彼此滋養的力量。

············ **更新同步婚姻地圖** ············

在兩個人攜手相伴的時光裡，每個人在婚姻地圖的座標軸裡都有著各自不同的位置和路徑，更是有著彼此不同的速度和節奏。在女來訪者的婚姻裡，丈夫在漸漸成長，而妻子還停留在原地。丈夫從學歷、文化水準和經濟收入都比較低的位置上一路狂奔，如今成為十分出色的投資人和老闆。而妻子則從主導經濟大權的位置上退了下來，成為一個不再創造經濟價值的全職主婦。

當相對地位發生了變化，意識到變化的人期待在變動的關係裡獲得新的東西。男方想要的是他一直渴求的存在和肯定，他認為掌控了家庭的經濟大權便是掌控了家庭的話語權，此時得到妻子的認可與順從是理所應當的。而意識不到變化的人還在對所擁有的一切習以為常。即使是在經濟地位發生轉變之後，女來訪者仍然保有關係上的優越感。特別是過去購入的房產和車子都登記在自己名下，她始終認為自己還是家庭的核心管理者。

此外，她一直以來還保有一份獨特的優越感。雖然成了全職家庭主婦，她仍然注重知識與修養的培育，隨時保持學習狀態以獲得精神上的提升，並且逐漸形成自己獨立的思想體系。相比之下，她的丈夫則顯得相對封閉和庸俗。丈夫每次在外面吃喝應酬完，回家之後就會躺在沙發上瀏覽碎片化的新聞訊息。這些精神層面的差距，並沒有因為丈夫在事業上的奮起直追而得到彌補，反而因為丈夫的不注重而愈演愈烈。

　　關係在變，環境在變，心境也在變，而不變的是變化本身。在感情或婚姻中，沒有永遠的優勢方與劣勢方，也沒有一成不變的差距。我們隨時需要更新我們最新版本的情感關係地圖，這並不是為了讓自己去掠奪、去占有，而是為了更好地看見對方，看見對方是如何為了得到愛和關注，在這段關係裡拚盡全力的。同時也讓我們看見自己，看見自己是否執著地停留在原地而不自知。這份看見，會讓我們對對方報以更大的理解和寬容。

········· 當代女性的情感滿足 ·········

　　如今人們對於家庭狀態的關注，逐漸開始從女性視角出發，以女性的生存現狀和精神需求為核心，由此也出現了喪

偶式家庭、窒息式家庭等種種生動的形容。在這裡，我更願意嘗試從家庭形式的變化歷程去深入探討。我們可以看到，現在家庭結構呈現得更為多元和獨特，而且這種變化的驅動力也從對外的考量逐漸指向對內的需求。這種對於自我的審視與愛護，是女性解放的光芒初現。

隨著不斷加強的生存獨立和精神獨立，女性面對拖沓疲憊的婚姻時，就會更有力量去進行關係上的切割和內容上的分離。她們常常會把投注在婚姻裡的熾熱目光轉移到孩子和事業上面，用對孩子的關愛和對事業的熱愛逐漸替代對另一半的情愛，然後在更替的愛的關係中獲得完成和圓滿。這到底是一種成長，還是一種遺憾，相信每個人心中都會有屬於自己的解讀。

女性很難抵達滿足之境，相比於衣飾滿足和車宅滿足，情感滿足更是難得。她們可以為心的最外層披上堅硬的外殼，來抵抗生活漩渦的席捲和人生風雨的侵蝕。可是心的最底層卻始終渴望愛的滋養，甚至渴望以愛為生、被愛豢養。面對生活的蒼白和感情的乾涸，她們也需要一些明白，明白他人他事難以把握，明白今生今世自我依存，就會生長出更好的自我的力量。也正是這份力量，讓我看到了眾多女性來訪者背後一點點升起的篤定光芒。

女性的生命質地柔軟而醇厚，能夠孕育滋養身邊的人事

物，這是無與倫比的生命動力。剛柔並濟的女性力量，不應被他人、世界，特別是同是身為女性的自己所忽視。等待被愛、被守護、被滿足，是一種身為女性的柔弱；主動去愛、去守護、去滿足，更是一種身為女性的柔韌。在成長過程中，女性要去獨自度過內心的波濤與暗流，使得身心枝繁葉茂，這是終其生命的完成與實現。身為諮商師，我有幸見證了一個個人生主題的心願達成。

儀式感：婚禮是童話的結局，也是生活的開始

——「婚姻總會有它的歸屬，一個彼此滋養的持久歸屬需要我們為之注入持續的養分。」

・・・・・・・・・ 諮商案例 ・・・・・・・・・

來訪者在離婚後來到諮商室，講述起了她由一見鍾情所開始的婚姻。兩人的相遇說起來有著很大的奇遇性。當時她正在美國讀研究所，在暑假回國期間的一次同學聚會上認識了對方。有一次在坐地鐵回家時，她穿著平常很少會穿的一襲白色長裙，而她當時的男朋友，也是後來的老公，則是一

身西裝。兩個人剛好都穿得很正式地相遇在地鐵上，相視一笑後開始交談。交談中驚喜地發現，兩個人的大學居然是在同一所學校就讀，而且兩人都處於單身狀態。後來在她回國的這一個多月裡，男生花了很多心思去追求她，經常帶她出去玩，於是兩個人有了一個非常溫馨浪漫的開始。

在她回美國之前，兩個人就確立了戀愛關係。在關係的升溫時期，男朋友還會專門去美國陪伴她。在這期間，兩個人做了一件很瘋狂的事情，他們去拉斯維加斯，在牧師的見證之下舉行了教堂婚禮，並且還在美國註冊系統裡登記結婚了。這也引發了後來離婚時，所出現的種種煩瑣漫長的手續流程。隨後她也在寒假期間回國，兩個人準備在國內領證結婚。雙方父母見面後都覺得還不錯，於是兩個人就在民政局領了結婚證。而以上這一切的發生，還不到一年的時間。

她在美國讀完研究所後就回國繼續讀博士。在她讀博士班的期間，兩個人就準備籌辦婚禮。他們相處得更加密切，也發生了更多的衝突和爭執。當他們準備拍婚紗照時，她想要婚禮低調溫馨，而男方則希望能夠盛大浪漫，想選擇一個更昂貴的方案。在分歧中她主動做了妥協，但這也讓她意識到，她和對方之間在金錢觀念和人生觀念上有著很大的差距。而且每到週末，對方家庭會有定期的聚會，而這種陌生的家庭聚會也讓她感到十分拘束煩悶，不願意敬酒說話，以

至於有一次在飯桌上言語頂撞了對方的父母。

在一次次的爭執矛盾之中，曾經光芒籠罩的愛情在平淡繁雜的婚姻中被消磨殆盡。兩個人在面對關係裡的問題時，也並沒有給予對方理解和支持，而是選擇了對抗鬥爭。我們可以想像，曾經最親密的兩個人，是如何一步步地走到揮舞利劍，去刺傷對方，去斬斷關係的地步。當情緒漫過了理智，兩個人就像被一股無形的力量推動著，彼此在不知不覺間漸行漸遠。

········ 結婚不只是儀式化符號 ········

整個情感經歷裡，最核心的問題在於，他們雙方對於結婚的理解顯得過於簡單，過於注重儀式化的精緻外殼。他們在美國舉辦了非常浪漫神聖的教堂婚禮，也在國內舉辦了花費高昂的隆重宴席。這兩場童話般婚禮的背後，是雙方對於婚姻儀式感的強調，對於婚姻內容性的忽視。他們的相識和相戀，因為是建立在一見鍾情的基礎之上，這也使得他們對後來的婚姻生活有了高度的期許和期待。

我們經常會把愛情和婚姻混淆在一起，實際上它們是完全不同的人生階段。我們也經常會把它們完美融為一體，期許能從愛情一路順利地進入婚姻。而當浪漫面對現實的時

候，一個個巨大的衝擊就會接連產生，一次次動搖美好的期許。由於雙方家境優渥，兩個人都沒有經歷過物質生存層面的考驗，也沒有體驗過婚姻生活層面的平淡。當親密關係從浪漫甜蜜過渡到柴米油鹽的時候，比如今天的家事誰完成，明天的早飯誰來做，兩個人就不具備這種走入現實生活的能力了。

而且後來在諮商期間，來訪者還需要完成美國的完整離婚流程，要透過法律起訴，並且要找律師來透過法院解除婚姻關係。而她老公當時是不配合她一起去完成在美國的離婚程序的。所以她不得不透過律師和法院來完成更為複雜的程序，從而讓兩個人在法律層面上徹底消除婚姻上的所有關聯。如同電視劇一樣，曾經教堂裡璀璨的愛情光芒，最終在法院裡跌落得破碎黯淡。

原生家庭的束縛

諮商師在諮商過程中發現的另一個問題是，他們彼此雙方都對原來家庭的融入依戀非常強，幾乎沒有形成有效的分離。他們都過度依賴於自己的母親，遇到事情不是和自己的另一半去溝通，而是先找自己的媽媽商量。可以說，在整個婚姻走向裡，背後的這兩尊「太后」其實發揮了很大的作用，

而且會在很多具體的事情上直接插手他們的生活。這其中很有意思的一件事情是，在來訪者前夫來做諮商的時候，他的母親會強烈要求來見見自己兒子的諮商師。後來雙方都變得非常情緒化，把父母都叫到一起坐下來談判調和。由於各自父母都更偏袒自己的孩子，彼此站在了對立面上，而不是站在對方的角度上，這些也加速了這段婚姻的消亡。其實矛盾衝突在婚姻裡是正常的存在，但是他們都對婚姻的完美性和純淨性要求很高，不允許這些不完美和不純淨的事情在婚姻裡正常地發生。

沒有與原生家庭的分離，就很難有新家庭的組建。由於兩個人背後各自都有很強大的支撐，他們在自身的依賴和依戀上，並沒有做到心理學所說的形成新的自我獨立。於是這兩個優秀的成年人更像是懸絲傀儡一樣，在很短的時間裡就完成了婚姻在法律契約上的建立與拆解。最後他們離婚的場景更是讓人印象深刻，是雙方父母代表兩個孩子去共同完成國內離婚手續的。這也讓人不禁感慨，一段感情經歷結婚到離婚，幾乎沒有留下任何東西。

原生家庭的過度參與，讓年輕人難以獨自面對真實世界，去體驗尋覓，體驗失敗，體驗調整。原生家庭與新家庭的過度重疊，讓新的家庭難以建立有效的功能性邊界，也讓年輕人的婚姻更像是兩個孩子在玩家家酒，而不是兩個成年

人在共同經營生活。在來訪者離婚不久之後，她的前夫在我這裡的諮商就結束了。而她後來還繼續在我這裡做諮商，慢慢進行情感的恢復和其他方面的調整。

·········· 婚姻空殼的迅速拆解 ··········

這場離婚其實對他們雙方的人生軌跡幾乎沒有影響。在之前的婚姻裡，他們既沒有過好二人世界，也沒有融入對方的家庭之中。因此，離婚對他們來說也很簡單，只是把對方在通訊軟體和社群平臺上都進行了封鎖，兩個人就很順利地進入了不同的軌跡，彼此完成了分離。所以這也是他們情感關係裡很重要的問題，在真正結婚之後，雙方沒有主動獨立地去經營婚姻和家庭，這就導致了後來他們的婚姻只有外在的空殼，裡面是沒有內容的。

在雙方共同生活期間，他們相處得更像是不和諧的室友關係。當面臨日常矛盾衝突的時候，他們會直接進行言語攻擊，來訪者的前夫會很憤怒地把她的衣服行李丟到門口，讓她滾出家門。所以她會感到很崩潰、很絕望，覺得自己不屬於這個家，沒有安全感和歸屬感。由於雙方並沒有用心經營這個家，他們都會覺得自己只是這個房子裡的一個房客而已。而對雙方父母來講，他們也覺得這兩個孩子的婚姻就好

像一場有法律效力的戀愛而已，戀愛過後就面臨分手。只是
這個分手要經歷一系列法律方面的流程，但最終仍然是沒有
在彼此的人生裡留下什麼痕跡，就好像不曾發生過一樣。

婚姻不是戀愛的終點

我們常常會提到的一個問題是，人們如何能夠在婚姻中
獲得愛的永續性？我們會看到，很多人在戀愛中，如同登山
般不斷進行自我成長和全面提升，而進入婚姻後卻停下了腳
步，彷彿婚姻是這場人生攀登的終點。然而，在時刻變化的
人生中，我們也需要持續為自己注入新的內涵，讓自己能夠
適應新的場域。

給新的角色賦予新的內容

很顯然，無論是這段婚姻中的哪一方，都沒有賦予自己
身為妻子或是丈夫應有的角色和相應的功能。其實婚姻更注
重的是雙方在角色功能上的轉變，需要彼此為這個嶄新的角
色賦予嶄新的核心。在婚姻裡，來訪者其實並沒有意識到丈
夫對於自己這個妻子角色的期許，比如照顧好家庭，把家裡
打理得井然有序等等。當時男方在諮商室裡很糾結要不要離
婚，其中很大的爭執分歧就來源於家庭中的日常家務。男方

是一個獨立性很強而且對生活品質要求很高的人，會把家裡面收拾得一塵不染，對家中物品的擺放也很講究。比如他十分愛好喝茶，對於茶杯茶具的擺放位置非常在意，也會要求打掃人員尊重自己的生活習慣。而他的妻子，在家中更在意舒適放鬆，經常會把家裡弄得雜亂無章。更令他們感到崩潰的是，兩個人的生活作息步調完全無法一致。當一方疲憊睏倦想睡覺的時候，另一方往往正處於深夜興奮狀態。然後一方感到不被理解照顧，另一方感到敗興失落。

　　面對婚姻時，我們其實需要做很多的心理準備來逐漸形成對於婚姻的認知。除了接受現實生活的光芒退卻，處理婚姻裡發生的紛亂瑣碎，也要接納雙方情緒狀態的不同調和生活狀態的不一致。而這些常態性的錯位需要我們進行持續的處理，度過漫長的磨合期。我們可以看到，在具體的生活事件上，來訪者雙方完全是沉浸在小孩子的角色裡去扮家家酒，而不是進入妻子丈夫的角色裡去相互包容、理解與支持地經營生活。

········· 共同經歷和共同經營 ·········

　　來訪者雙方所呈現出的另外一個很明顯的問題主線就是，他們沒有共同經歷和經營的事情。在共同經歷上，兩個

人在談戀愛的時候還經常去各個夜店酒吧玩到深夜，但結婚之後，兩個人之間卻會因此發生矛盾，比如男方願意和很多漂亮女性跳舞，這讓女方覺得很不爽。幾經摩擦之後，兩個人一起晚上出去玩的頻率就迅速降低了。每到週末，女方想要去郊區自駕遊，而男方只想宅在家裡看電影，漸漸地兩個人週末也不一起活動了。因為缺乏共同愛好和共同經歷的生活事件，他們之間就失去了這種非常具體化的依賴和支持。

婚姻不同於愛情最明顯的地方就在於，婚姻有著一張綜合了情感、利益於一身的社會化、法律性的契約。既然是一份特殊的契約，我們就需要以一種持續經營的心態來對待。在情感生活中，他們沒有去共同經營，慢慢地喪失了原本的親密與熱情。女方在諮商過程中提到，每當她洗完澡赤身裸體的時候，她的老公都不會正眼看她，甚至會嫌她擋到自己正在看的好萊塢電影畫面。對此她感到無比失望和憤怒，也感慨當年的一見鍾情與風花雪月最終竟落得這般場面。當光環逐漸褪去，親密關係失去了神祕和美化，我們會發現他們依戀關係裡一系列實質性的重要環節都已經不復存在了。

第一個層面而言，他們之間性的相互依賴、情感的相互交融已經沒有了，兩個人從情感纏綿走到了後來的只是如室友一般地生活在一起。第二個層面來說，雙方對於各自發展有著不同的方向和節奏，卻沒有彼此支持陪伴。當男方想要

更加地把身心投入工作事業時，女方想要繼續在學業上前行。由於雙方難以認可對方的發展，也就難以在道路上相互給予鼓勵和陪伴。第三個層面上，他們沒有去創造屬於二人婚後世界裡的共同事件。他們不僅沒有在日常娛樂與喜好上去共同經歷和經營，也沒有在生活大事上做出進展，比如為家庭帶來新成員，或是主動維繫雙方原生家庭的溝通聯結。

　　穩定長期的婚姻關係，不是簡單地相互疊加，而是彼此結合成一個有機體。婚姻關係中的雙方，讓自身獲得滿足，也要滿足對方的需求；讓自己得到滋養，也要主動去滋養對方。這樣，兩個人才能獲得超出雙方總和的溫暖和能量，這種能量不僅僅來自雙方個體，更來自他們之間的互動關係。

········· 婚姻在人生中歸屬何處 ·········

　　在華語文化語境下，婚姻被當成了一件人生大事來進行考量。古往今來對於它的宏大描述也給人們帶來了超出現實的期許，彷彿一場儀式就能為人生帶來巨大的突破、重組和躍進。可是很多年輕人往往還並不清楚自己想要的到底是什麼，就在周圍環境的推動之下走向了未知的道路。人們從戀愛到婚姻的過渡期往往會碰到人生的整合期，才剛剛看到了這個世界時而清晰時而模糊的外形，也剛剛看到了讓人既興

奮又迷茫的可能，然後在自由與歸屬之間經歷徘徊。而一場婚姻，卻又讓人們不得不以主角的身分體驗從一個家庭走進下一個家庭的過程。

　　因為對自身理解的匱乏，對婚姻本質的認識不足，人們往往因為愛情光環、情感執念或是外界環境的推動與現實壓力而進入婚姻。這種缺乏身心準備的結婚決定，往往也會讓人們錯過很多成長的機會。看著那些履歷優異卻面容疲憊的人們，我們不禁會感嘆，很多人生的可能性，就在糾結折磨的婚姻中被非常可惜地消耗掉了。

　　其實婚姻總會有它的歸屬，離婚可能是歸屬，相互愉悅或是相互糾結地過下去也可能是它的歸屬。當婚姻被人們神化成真愛的歸宿時，我們有時會在這個有限的命題下，執著地停留在一段並不能夠獲得滋養的關係裡，或是急忙進入下一段未知的關係。我們有時也會聽聞別人的情愛人生，然後忍不住去透過他人的經歷來判斷和衡量自己的戀愛和婚姻。然後我們會發現，婚姻的走向並沒有什麼規律可言，每個人的婚姻都會呈現出不同的形態。面對種種變化，不變的最終還是我們內心的訴求。我們終會意識到，是否處於婚姻狀態本身並不能夠證明幸福，別人相似或是相去甚遠的婚姻也不能夠佐證幸福，只有我們自己才能夠把握自己的人生。

關係時差：
事業女性所面臨的情感境遇

——「在享受和承受的二元世界之外，也應給自己多一些接受的空間，存放那些無力改變的人事境遇。」

·············· 諮商案例 ··············

這位來訪者來到諮商室談到，在她的婚姻中，雙方都出現了出軌危機。他們夫妻雙方在 1990 年代的時候就北上打拚，在那個餐飲業利潤豐厚的年代，夫妻倆從一個餐飲門市做起，到後來在全國各地擁有了連鎖店鋪。他們的生活也從最初住地下室，到現在擁有兩套繁華地段的房子。兩個人事業、生活飛速提升的同時，感情卻面臨終結。

來訪者的丈夫在經歷了幾十年的奮鬥之後，覺得既然已經實現了財富自由，不如享受安逸生活。於是，他慢慢從生意裡抽身，開始尋歡作樂，不僅經常賭博，還不斷地和一些年輕女孩子發展情感關係。與此同時，來訪者想要把生意發展為人生事業，於是整日奔波，也無暇顧及兩人之間的情感生活。

後來，來訪者因為生意應酬遇到了一個油畫店老闆。這位年長她十歲的男性藝術從業者，無論是談吐氣質還是眼界思

想，都是她丈夫難以企及的。於是，這樣的一位異性，就對來
訪者產生了很強的吸引力，兩個人後來也慢慢進入了一段曖昧
不明的關係之中。面臨選擇卻又無從選擇，她的憂鬱焦慮情緒
開始嚴重地困擾她的生活，也讓她難以專注於事業發展。

在十幾次相對短程的心理諮商過程中，她談到的現實情
感經歷卻非常豐富。從最開始丈夫回老家發展導致兩人分居
異地，到雙方決定離婚切割財產，再到來訪者和這位讓她無
比著迷的藝術從業者在感情裡經歷了愛恨起伏，她的糾結掙
扎非常真實地呈現在了諮商師的面前。

·········· 關係裡的權力遊戲 ··········

來訪者的丈夫在遇到她之前，還處在一個高中肄業，在社
會上討生活的狀態。當時的他外形非常出眾，在追求來訪者的
時候更是全心投入，每天接送她上下學，然後帶她體驗學校裡
沒有的新鮮刺激。沒多久，他就成功追到了這個在學校裡成績
優秀、相貌姣好的女生。等到畢業結婚後，來訪者想要尋求廣
闊的發展空間，就和丈夫一起來到北部發展。奮鬥之初是他們
生活最為艱難的時期，也是感情最為穩固的時候。

但是漸漸地，因為彼此攜手創業和生活，他們關係裡的
權力爭奪從工作關係延伸到了親密關係裡。在工作方面，丈

夫一直聽從妻子的決策，自己只是負責執行。經常是妻子一個電話打過來，讓丈夫跑去很遠的地方取貨，但是出於成本考慮不讓他搭計程車，於是丈夫就要時常提著貨物在城市內來回奔波。時間久了，妻子在各個方面都走向了掌握控制權的高位，而丈夫則全方位處於被約束、被管控的位置上，沒有任何的自由。與此同時，丈夫身邊無論是公司裡的女下屬還是酒吧裡的年輕女孩子們，都對他表現得十分崇拜和順從，這讓他從外界尋求到了家庭裡無法獲得的內心需求的滿足。

在親密關係的權力遊戲裡，很多權力失衡的局面都像是一場來自雙方的共謀。來訪者因為教育程度的優異，一直在丈夫面前很有優越感和控制欲。此外，因為想要擁有更好的發展，她對事業有著很強烈的追求心和信念感，於是她帶著丈夫一路北上打拚，自然而然地就成了對方的影響者。而來訪者的丈夫因為關係裡的高依賴和低自尊，就很自然地成了那個被影響者。

我們可以看到，那些從屬於自身的特質和經歷，都是對關係本身的一種自動塑造。高位者著眼於掌握控制權，低位者著眼於擺脫被控制，這段感情因為聚焦點從對外合作轉移到對內消耗，原本和諧的依賴關係就走向了對立化的競爭關係，從而最終到了權力失衡的傾頹之日。

•••••••••• 錯位的發展期 ••••••••••

　　在這位來訪者身上，典型地呈現了優秀女性所面臨的情感境遇。她的個人模式，外在表現出來的是要求高和能力強，內在核心部分是強勢和進取。而來訪者的丈夫一直處於追隨者的狀態，原本他的成就動機就沒有她來得強烈，而且他全情投入卻難獲認可，遂流連聲色。於是來訪者看著眼前的另一半，會產生不相配的想法和不甘心的感受，然後透過打壓和輕蔑，把攻擊性傳遞給對方，致使對方受挫。

　　隨著事業的擴張，他們有越來越多的員工，於是來訪者的丈夫就成為一人之下的大主管，管理著上百個員工。他經常帶著很多女性下屬出去玩，只是單純的吃飯交遊，並不涉及情愛。但是在這個過程裡，他在這些年輕的女孩子身上獲得了崇拜和認同，而這些是他一直在妻子身上得不到的。再到後來，他開始跨越邊界，透過自己的權力地位和一些女下屬們發展地下戀情。

　　他們兩個人發展趨勢的錯位，讓雙方都沒有在各個時期獲得自己最想要的東西。很多優秀女性的發展期比男性的發展期要早，於是，女性內在那個需要被呵護、被照顧的「小女孩」，男性內在那個希望被認同、被崇拜的「小男孩」，雙雙都被不相襯的發展期隔在了不同的時區裡，彼此難以遇見。當

143

丈夫終於迎來人生高峰時期，他無論是在形象氣質還是談吐表達上面，都到了身為男性最有魅力的時候。可是這個男人的事業主要還是靠妻子在前面打拚出來的，所以這份成熟魅力落在來訪者眼裡，就是不知打拚上進，只知聲色犬馬。

親密關係裡的發展期需要的是相襯，而非同步。適當的發展時差，往往更能讓自己擅長的正好成為對方想要的，從而更有助於充當好親密關係裡的角色。當來訪者走到事業成功、財務自由的中年時期，她早已對吃喝玩樂興致寥寥，開始想要精神上的理解共鳴。油畫店老闆的出現，讓她開始觸碰那些被現實壓抑了很久的情感主題，他們時而談論藝術品味，時而交流理想情懷，她終於在歷經錯位之後，遇見了人生發展期和自己最為相襯的那個人。

關係模式的演變

來訪者一路走來，對愛情的理解和需求有著很明顯的階段性變化。在第一段婚姻裡，她想要現實世界的圓滿，於是她帶領丈夫學習企業管理，希望可以彼此配合支持，共同締結屬於兩人的事業與愛情。後來當她意識到彼此之間明顯的差異時，她選擇放任其自流，隨他去發展混亂的情感關係，自己則專注於事業發展。直到丈夫提出異地分居，這份情感

隔閡才被打破，她才沉陷到孤獨痛苦裡。

　　後來遇到的畫家男友，讓她感受到了命中注定般的契合。他們一起看畫展，談人生，每一次的交談都沉得很深，彼此照見對方的歷史脈絡。男友身上的浪漫氣質和文人作風，喚起了她校園時期久違的對理想化男性的渴求。男友的豐富閱歷和開闊眼界，讓她終於可以成為感情裡被照顧、被引領的那一方。在這段感情裡，她獲得了理想精神世界的展現。

　　當她面臨現實抉擇的時候，她對人生產生了空前的虛無感。從極度的現實化到極度的理想化，她覺得自己獲得得越多，反而越不知道自己真正想要什麼。於是她將過去的情感關係在她和諮商師身上進行重現。現實化與精神化的強烈情感動力後來也被她投注到了諮商師身上，讓諮商師成為她情感世界的容器。

　　當諮商讓她很有獲得感的時候，她反而主動提出結束諮商關係。她坦言，自己不希望再去發展出一段非現實層面的情感關係，讓自己重蹈混亂。在諮商的過程中，她看到了過往看似混亂實則穩定的關係模式，過度在他人關係裡擷取情感需求，最終讓他人力量限制自我力量的生長。於是，她想要嘗試情感與精神的自給自足。而主動改變自我模式的第一步，就是從諮商師這裡開始的。

·············· 內在客體的永恆 ··············

　　來訪者沉浸在與畫家男友的浪漫感情裡，以為自己終於找到了命定之人。但後來，她卻在一次徹夜長談中了解到，男友的情感經歷極其複雜，不僅情史豐富，而且還涉及出軌、墮胎。讓她難以接受的是，他在她面前所呈現出來的吸引力，恰恰來自那些難以言說的過去。眼前這個被她理想化的人，面臨著外殼的破碎。

　　人們希望客體永恆，關係長存，因為持久穩定的連結能帶給人們內心的安寧和穩定。直至現實由浮動轉向解體，來訪者才意識到了事與願違，才想要開始去改變關係模式。過去，她需要時時向外尋找和確認，然後發現，丈夫的遠離讓她心寒，男友的過往也讓她感到慌亂。當她對外在客體的信任一次次地面臨威脅，一個穩定的內在客體的意義價值就漸漸顯現出來。

　　在諮商師的陪伴下，她開始嘗試去打破對於外在客體的慣性思維。每當她腦海中湧現出對於與男友關係的焦慮和恐慌，她都開始嘗試用理性認知去平衡這種情緒想法，然後透過日漸良性的關係模式慢慢替代過往的慣性。與此同時，她也開始嘗試去和內在客體建立關係，在一次次的瑜伽、讀書、遠行中收穫美好的獨處體驗。

　　一個穩定的內在客體，能夠讓我們與外在客體維持既獨

立又依賴的連結關係，不至於過度依附他人而讓自己被動餵養，也不至於關係斷裂而讓自體受挫。來訪者後來還是保持著和男友的戀愛關係，享受著外在關係中讓自己獲得滋養的生活，也享受著內在關係中自我對話的力量。

·········· 情感的灰色地帶 ··········

在婚姻情感諮商裡，我們經常能夠看到社會輿論的灰色地帶。在這裡，人們情感關係複雜，感情邊界不清。作為諮商師，我能感受到這是社會道德規範世界之下，一個真實存在的人性夾層世界。我們會用道德譴責和法律懲戒去維護理想世界的秩序，但我們也必須承認，很多擁有權錢資源並且占領關係上位的人，特別是男性，卻又在不斷地打破這種理想秩序。

在諮商裡，我會經常遇到一幕幕電視劇般的情境，比如妻子偶然發現自己丈夫找過性服務者，於是上演一出偵探劇，結果發現丈夫在這方面有著無比豐富的經歷，和上百位女性發生過性愛關係。還有來訪者因為丈夫出軌想要離婚而走進諮商室，結果發現丈夫在全程派人追蹤她的行程。然而這些狗血劇情演出之後，最終走向離婚結局的反而是少數。

在諮商室裡，絕大部分選擇離婚的人，後來都會對這段失敗的婚姻感到後悔。很多人會在離婚後的很長一段時間裡

選擇單身，或是有著並不固定的戀愛伴侶。大部分人選擇了情感療癒之路，卻發現原則性創傷如同不治之症，難以藥醫。很多人會選擇各自過好各自的生活，表面上走向修復，實則走向隔離。因為女性想要的和男性想要的本就是衝突的。女性想要唯一性，而男性想要多元性，這個衝突從生殖繁衍的動物時期到情感關係的社會時期都難以改變。於是我們會感到失望，這是進化理性面對本能驅動力的無力感。

人們為了抵禦這種無力感，會去道德審判那些破壞秩序的人，如同在臉上蓋章一般，希望他們永遠逃離不了被懲罰的命運。但無論做何選擇，走到後來我們都會發現，婚姻和愛情越來越難以持續性地畫上等號了。於是我們會說，遇美好時就享受，遇苦難時就承受。在享受和承受的二元世界之外，也應給自己多一些接受的空間，用來存放那些無力改變的人事境遇。

反向連結：
來自孩子的威脅和報復

——「過去是當下及未來的模板，很多對方身上難以原諒的行為方式，都是個人歷史塑造的獨特應對模式。」

•••••••••••• 諮商案例 ••••••••••••

來訪者最早接觸心理諮商是因為女兒的叛逆和拒學。等到女兒的狀態有了明顯的改變，她就想帶著丈夫和女兒一起做家庭諮商，因為一直以來，他們家庭內部的關係是有著很多問題的。她的丈夫是某大學中一位很知名的教授，女兒正在讀國際高中準備出國留學。他們父女之間難以溝通，彼此之間充斥著不滿和敵對的情緒，女兒還曾出現過自殘的行為。這個家庭以父女關係的為主軸，來訪者被夾在中間，日復一日地體會著深深的絕望感和無力感。

於是諮商師為她進行了家庭諮商。因為她是家庭裡的核心角色，所以來訪者先接受了一段時間的單獨諮商，梳理她的成長經歷和關係困擾，等到她情緒穩定並且對自身形成了一個清晰完整的認知後，才從個人探索階段進入家庭諮商階段。在這個案例裡，我們會看到在家庭結構裡面，三者之間更為複雜的親密關係。

•••••••••• 代際影響的走向 ••••••••••

來訪者在自我探索的階段，最主要的議題就是原生家庭對她有多少影響，而她又把多少影響帶到了當下的這個家庭裡。在她的成長經歷裡，她出生沒多久就因為父母無暇照顧

而被送到了爺爺奶奶家，一直到上小學才回來和父母重新生活在一起。對於一個孩子來說，當她回到原生家庭當中，看到自己的哥哥姐姐和父母熟悉自如地相處，她會有明顯的違和感。這種家庭結構裡闖入者的身分，會帶來名義上的不被接納和認同，情感上的缺愛和缺關注。

所以她在成長過程中，一直在缺失中體驗父母之愛的重要性。她大學畢業後很早就組建了家庭並有了孩子，然後把她自認為缺失的愛毫無保留地都給了她的孩子。但是過多的愛往往會走向縱容溺愛，她的女兒就出現了各種青少年常見的叛逆問題。除了拒學、蹺課和抽菸喝酒，最讓媽媽感到害怕的一次，就是在女兒的書包裡發現了保險套，而當時女兒才剛剛上國中。

她也慢慢發現，其實自己的丈夫在他的原生家庭裡，特別是在和母親的關係裡，也有著很深的糾結矛盾。他的母親非常強勢喜歡控制，甚至還經常對他暴力相向。這種控制性的女性形象在他童年時期就已經根植於心，讓他在成年之後和其他女性建立關係時，就會不自覺地湧現出對立和對抗的情緒，當他無法把對抗性投遞給妻女時，迴避家庭關係的參與和涉入就成了他的應對方式。

每個家庭都會有它的生命週期，每個人也都會承載各自原生家庭的模式，影響著下一個家庭生命週期的開始。來訪

者希望女兒能擁有內心富足的人生，於是努力引導著女兒自我分化的方向。我們會看到，代際影響具有傳承性，會讓父母的一些人格特質和思維模式流動到下一代身上。代際影響也有著補償性，會讓父母有意識地去打破調整，使得兩代人呈現出完全相反的性格。

反向連結

　　來訪者的女兒上小學時非常乖巧聽話，成績優秀。但是，如女兒後來所說，再好的表現也換不來自己的父親像別人的父親那樣來參加家長會。後來上國中時，她就開始拒學跟談戀愛，成了學校老師眼中的問題學生，父母也經常會被叫到學校裡來處理孩子的管教問題。所以對於女兒而言，成為一個叛逆的孩子，不僅能夠獲得遠超出同齡人的自由，而且能夠收穫來自父母的關注。

　　慢慢地這就形成了反向連結。在親子之間的正向連結當中，孩子會表現出乖巧優秀來獲得父母的關注讚許。可如果孩子付出了很多努力，都沒有被看見和被認同，正向連結就會被視為沒有功能，然後被充滿傷害性的反向連結所替代。於是，來訪者的女兒開始源源不斷地製造問題，讓父親這個國際知名的學者來處理孩子的教育失敗，她用傷害來刺激父

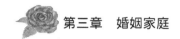

親，從而獲得了報復的快感。

　　她的報復心理發展到最極致的時候，就有了一次割腕行為。在反向連結中，孩子會透過退化來獲取外界的注意力，正如他們剛剛來到這個世界時的樣子。此外，他們也會發展出很多不良和傷害性行為。透過回憶來訪者了解到，其實女兒並不真的是有輕生的念頭，因為她的割腕從來都沒有真正流過血，她只是透過自殘來讓父母變得抓狂，讓父母體會到傷害她的代價。每每回憶至此處，來訪者都會失聲痛哭，覺得自己身為母親無能又無力，希望心理諮商能夠從個人轉向整個家庭。

·········· 家庭能量的上下流動 ··········

　　家庭體系是有內部的能量層級和能量流動的。在這個家庭裡，來訪者的丈夫把能量層級強化得十分明顯，經常會用像在學校裡指使下屬一樣的口吻來指揮來訪者，讓她來負責女兒的日常生活和課業。表面上來看，夫妻是在分工合作，一個負責決策而另一個負責執行，這個家庭能量是從上至下依次傳遞的。但是從女兒的角度來看，父親的能量永遠無法直接傳遞到自己這裡。

　　來訪者女兒成長中的很多困惑和情感需求沒有出口，那

麼她就會自己尋找替代性出口，比如喝酒、抽菸，談戀愛、蹺課。當她被父親否定指責的時候，她就會表現出特別強烈的反抗。這種反抗也會有不同的級別，程度比較輕微的時候，她最核心的想法就是，越不讓我做什麼我就越要做什麼；等到了第二個等級，就會出現更多激烈的實際抗爭行為，比如她曾經離家出走，整夜未歸，以此表達憤怒，加深矛盾。

等到了最嚴重的級別，我們就會發現，家庭系統裡能量最弱的人往往最具有傷害性。女兒身為一個孩子，她深諳的一點就是，父母最大的痛點和弱點都在自己身上。於是她會透過威脅自己的生命健康來喚起父母最深的恐懼。女兒除了割腕報復之外，還會經常拿跳樓威脅父母，來訪者在受到極度驚嚇中，只得把家裡所有的窗戶都加上護欄，然後尋求外界的專業干預。

如果能量的下行傳遞充滿著強者對弱者的掌控和改變，那麼能量的上行傳遞就會展現出弱者本能的應對方式。在反向連結裡，來訪者的女兒會透過自己製造問題來讓自己獲益。正如女兒後來在家庭諮商當中的自我表露，她覺得父親只知道忙事業而不關心自己，那麼當她製造出了問題，然後父親從事業中抽身過來解決這些問題的時候，她便實現了被關注的心願。這種透過製造問題來推動能量上行傳遞的方式，是很多孩子獲取愛的本能。

很多孩子會透過各種自我傷害的方式來獲得家庭之愛。最為典型的方式就是生病，這種生病既包括生理疾病也包括心理疾病。孩子會發現，當自己生病的時候，父母會如期待中一般回到自己身邊來關注照顧自己，從而獲得自己想要的親情濃度。此外，也有很多孩子會透過自己的生病，來讓充滿矛盾面臨離婚的爸爸媽媽進行和解，從而讓自己能夠有一個完整的家。孩子渴望家庭的完整和愛的圓滿，但又解決不了成人之間的複雜矛盾，便會傾向訴諸自我傷害和自我犧牲。

在自然規律中，整個系統的問題經常出在最薄弱的環節上。家庭系統也是如此，孩子往往是家庭問題的爆發點，也是解決切入點。我們也要看到，在家庭系統的能量層級裡，弱的一方存在著巨大的成長動力和發展空間，它需要源源不斷地向下傳遞來獲取充足的能量。

家庭諮商的呈現

後來進行的家庭諮商，對於諮商師而言非常具有挑戰性。家庭諮商需要所有家庭成員的共同參與，第一個出現的挑戰就是家庭成員不願參與配合。過去父親在女兒的教養過程中嚴重缺席，漸漸女兒也不願父親再度參與，可是在諮商過程中，他們卻需要面對彼此。在這其中，處理每個人內心

抗拒的過程是非常漫長而消耗能量的。但是後來也會發現，這個面對對方並且直視自己的情境設定，本身就是關係破冰的開始。

在談及父女衝突的時候，女兒講述自己如何躲到浴室裡，在手腕上割出一道道傷口，而父親講述自己如何拿斧子破門而入，直到後來他們家的所有門再也不安裝門把手。女兒恨父親恨到咬牙切齒，父親覺得女兒有心理疾病。直到後來父親能夠意識到自己身上的問題，特別是對於整個家庭的缺席，他對女兒就有了非常強烈的內疚感，希望能夠重新參與到這個家庭中。

諮商師為他們找到了一個最簡單直接的方式來表達情感，就是寫一封信給對方，然後當面讀給對方聽。父女不約而同寫的都是女兒童年時期的事情，都隻字不提後來的水火不容。於是，每個人都在對方的視角下，重現了對方的歷史。過去是當下及未來的模板，很多對方身上難以原諒的行為方式，都是由個人歷史所塑造的獨特應對模式。當兩封信讀出來之後，父女二人在諮商室裡抱頭痛哭。長久以來的家庭癥結點終於開始走向紓解，這個場景也讓來訪者既痛心又幸福。

隨後，諮商師讓他們三人分別寫下對過去、對他人和對自己想表達的話。接著，諮商師點起蠟燭，讓他們決定如何處理這些信件。在諮商室裡，他們第一次做了一個共同的決

定，把過往燒掉，把仇恨和不滿放下。在這個三角關係裡，每個人都成了對方的催化劑，激發了孩子與父母、與自己未解決的衝突。然後在這個儀式化的情景下，他們一起找到了這個家庭生命的成長關鍵點。

·············· 婚姻的屬性 ··············

　　來訪者與丈夫之間的夫妻情感模式，也在家庭諮商中得到了很清晰的呈現。其中最主要的，就是家庭投入程度的不對等。來訪者過去一直在政府單位做著一份很輕鬆的財務工作，然後把更多的時間和精力都投入家庭裡。最開始她以丈夫為中心，後來她以女兒為中心，等到父親在孩子成長過程中缺席了，她就填補了父親的位置，然後全方位地照顧孩子。所以夫妻關係表面上的夫唱婦隨，實際上往往有一方是在過度承擔的。

　　但是從現實來看，親密關係中如果存在著負擔者或是追隨者，這樣的婚姻家庭經常是最為穩定和諧的。相比之下，情感關係雙方的絕對平等往往意味著家庭內部的不平靜。在當代社會，人們很難像過去那樣做出絕對化的主外主內的家庭分工。兩相並行，齊頭共進，很可能會帶來家庭內部力量的動盪，從而導致「火山爆發」。很多夫妻最終能夠走向和

解，都是彼此找到既獨立又依賴的平衡點，兩個人能夠在不同的區域空間裡，變換著主導者和追隨者的身分。正如來訪者夫婦，他們在諮商過程中重整了家庭版圖，讓家庭分工的比例從非黑即白走向各有倚重，讓每個人都能在各自的領域裡獲得足夠的實現。

我們會意識到，婚姻走到後來，情感屬性會變得越來越弱，而合作屬性則會越來越強。在戀愛時，我們可以恣意盡情地尋求情感餵養，可以在退化中尋求存在感和價值感，並把它當作一種情趣。而人到中年，兩個人要共享經濟利益，共擔責任義務，要一起經歷生命的起承轉合。於是，婚姻就成為兩個人攜手抵禦人生風雨的溫暖陣營，而不再是純粹情感階段中無限尋求愛與關注的培養皿。在婚姻裡，兩個人都要漸漸成長，成為各自領域裡能夠獨當一面的獨立者，然後彼此承諾一段美好關係，共赴一場前途未知的奇妙命運。

灰度學婚姻：男性缺席的當代家庭

——「不要只和婚姻裡的那個人發生連結，而是要和整個世界展開連結。不困於林，世界皆是棲身之所。」

諮商案例

　　在上一篇家庭諮商的案例中，來訪者的丈夫可以說是整個家庭動力改變的關鍵點。在父女之間的多年對峙中，父親終於意識到了自己在家庭裡的長期缺席，於是他在被觸動之後尋求參與和解，使得這個長期冰凍的家庭能量開始流動起來。在諮商室裡，父親看到了自己過去的問題，他對妻子和女兒習慣性地否定指責背後，具有很深的攻擊性和傷害性。在家庭諮商裡送禮物的環節，他也發現，自己連妻子和女兒的喜好都不曾了解。

　　於是，丈夫開始反思自己所引導的家庭模式，並尋求改變。他嘗試對女兒的當下進行理解和接納，包括學習、戀愛、抽菸、喝酒等等，從一個父親的視角來進行解讀。他也嘗試給予妻子更多的關注，看到她對家庭的貢獻和自我的隱忍。隨後，他在諮商師的影響之下，嘗試全新的交流模式，從習慣性地提要求，慢慢過渡到不提要求，只言期許。

　　在家庭諮商的最後，來訪者一家三口透過召開家庭會議的方式，來表達他們對於家庭新階段的期許。他們決定重新劃分家庭版圖，重新布局家庭空間，然後每個人找到各自的位置，做好各自的事情。隨後，來訪者還把丈夫帶到諮商室裡，透過短期夫妻諮商來處理親密關係中出現的問題。在

現實世界風平浪靜之後，來訪者開始尋求諮商室裡的個人成長，開始了一場對於愛與生命的意義探索。

<h2>········· 男性的存在與缺席 ·········</h2>

在夫妻諮商中，來訪者表達出了自己長期以來對於丈夫的不滿，其中最核心的不滿就是丈夫對於家庭關係和親密關係的雙重缺席。來訪者的丈夫是事業型男性，會潛移默化地把管理學校研究團隊的方式用來管理家庭。在過去的十幾年裡，每當出現家庭重大事件，比如孩子升學、家裡買第二套房子等，都是丈夫做決策。他一直扮演著上司而非父親與丈夫的角色，只下指令，不去執行，只問結果，不管過程。

在社會演變的過程中，男性在家庭中的角色身分是越來越多元化的。也因此，男性在家庭中的存在狀態也不僅僅是缺席或在場。撇除全面放任不管的男性，或者教科書般完美的父親與丈夫，絕大部分男性都會在某些角色裡充分在場，而在其他角色裡參與不足。

於是，部分角色的充分在場，就成了他們應對其他角色參與不足的有力解釋。

每當來訪者指責丈夫缺席，他都會表現得十分憤慨和委屈，覺得自己對家庭貢獻重大，他人卻視而不見。在他的概

念裡，男性角色被過度簡化，使得他在家庭決策者和物質供養者的角色裡獲得了成就滿足，卻忽略了他養育者和陪伴者的多重屬性。隨著諮商的深入，他才看到了養育、溝通、陪伴、支持等這些更為豐富的男性角色。

他們夫妻之間的情感改善，從建立一個良好穩定的溝通管道開始。諮商師為他們建立了一個家庭日，約定每週末安排一天時間，彼此放下個人的事情，全心投入家庭的共同活動中。在過去，丈夫經常加班到深夜，凌晨回家後妻子和女兒早已入睡。到了早上，來訪者很早就送女兒上學，而來訪者的丈夫則會睡到很晚，然後等著司機來接他去公司。於是整個家庭，在時間和空間上都出現了嚴重的錯位。而家庭日的出現，使得家人之間能夠在常態性的錯位之餘，擁有高品質的復位時間，使得彼此之間的溝通管道能夠順利運作，使得家庭關係從散的狀態漸漸朝著聚的狀態進行演變。

兩性需求

來訪者的丈夫事業有成，為家庭提供了極其優越的物質條件，每次到全世界各地開學術會議之後，也都會購買價值不菲的衣飾珠寶送給來訪者。可是家境越來越好，來訪者的內心卻越來越空。她覺得家庭資產地位的全面提升，可以帶

來短暫的愉悅享受，卻難以彌補她的情感空缺。在這個典型的兩難困境裡，諮商能夠幫助人們遠離失衡，卻難以達到完全意義上的平衡。

我們會發現，當人們步入中年，兩性差異在心理需求層面會表現得十分明顯。我們經常會說，男性更注重現實層面，女性更注重精神層面，這展現為女性對於心理層面的需求比男性的更多和更深。具體而言，女性除了內在的不安全感和各種情緒需求以外，還有對於覺醒獨立的自主需求，和對於生命豐盈性的高度需求。值得一提的是，需求沒有高下之別，都是個體對於世界的認知方式和參與模式。

在心理諮商過程中，兩性需求的差異也展現得十分明顯。對於諮商，來訪者丈夫的目的很簡單，就是透過繳交諮商費來解決現實問題，比如女兒的教育問題、與妻子的溝通問題。當面臨更深層的自我探索時，他最開始表現出明顯的抵抗情緒，覺得自己花費金錢，得到的只是被否定，感受到的只是自己的失敗。所以諮商的最主要目的，就是讓他看到自我改變所帶來的現實力量。

絕大部分男性在諮商室裡進行的都是短期諮商，只要現實困境得以解除，諮商就可以結束了。相比之下，女性對於內在探索的需求更為強烈。完成自我實現，走向歲月靜好，很多女性仍然會向上尋求生命的意義價值。面對不同的訴

求，諮商師會讓不同的人在不同的世界裡完成不同的議題，讓現實者獲得現實化的圓滿，讓理想者得到理想化的求索。如果在此之外，能夠讓人們體驗到理想與現實的互動照應，讓人們願意拓寬新的疆域，這會是身為諮商師的幸福。

·········· 偏執化的假性成長 ··········

自我成長是現在很主流的一個議題。但是現實中，很多人在秉持成長信念的同時，會覺得自己越是成長，越是受不得委屈。於是把自己局限於一個自我偏執化的認知當中，形成了一個假性成長。在來訪者進行家庭諮商的過程中，這種偏執化成長就展現得非常充分。來訪者的丈夫在全世界參加學術會議，獲得了自己想要的名聲跟利益，然後買各種衣飾珠寶給妻子。他人為地為妻子創造出了一個假性需求，在需求滿足中完成了一輪假性認可，最終滿足的卻是自己。

想要打破這種假性成長，我們需要時刻提醒自己，當我意識到我很重要的時候，我也一定要意識到對方很重要。透過完成假性認可來獲得優越感，會迅速替人帶來自我提升的錯覺，這種輕易而又誘人的錯覺會被慢慢常態化，然後演變成對周遭真實世界的視而不見。而當我們真正重視對方的時候，我們才會去深入覺察和辨別，哪些是對方想要的東西，

哪些是自己想要的東西。打著愛他人的名義來滿足自己，這種假性滿足所維護的關係，是難以穩定持久的。

在真實成長裡，自我的提升能夠帶動周圍人的成長。讓自己成長為一棵參天大樹，從而擁有庇佑周圍花木的陰翳。很多時候，假性成長會讓人們變成一棵爬藤植物，透過不斷依附他人，來證明自己的存在。於是我們經常會看到，一些秉持美好信念的人，最終走向了被周圍人無限遠離的局面，令人唏噓。這對於人們而言，不僅是落空，更是傷害。

其實，很多諮商心理師也存在假性成長，會不斷透過幫助來訪者來滿足自己的成就感。很多人在成就他人的同時，並沒有好好去處理自己的問題，而是透過助人的形式來佐證自我的完整強大。所以我們會說，在成就別人的同時一定要成長自己，因為真實成長難以透過外顯形式來佐證，只能透過實質內容的提升來被時間證明。

⋯⋯⋯⋯⋯ 婚姻是混沌理論 ⋯⋯⋯⋯⋯

在上一篇文章中我們提到，這位來訪者的家庭諮商具有很大的挑戰性。除了家庭內部的複雜動力，另一個挑戰就是，來訪者的丈夫在諮商室裡坦白了一段婚外情，這使得剛剛出現緩和跡象的夫妻關係再一次陷入水深火熱之中。如同

之前很多案例中面臨婚姻危機的來訪者們，這位來訪者也是在經歷了百般震盪之後，最終選擇了和解。經歷相似，不再贅述。

相信很多人都能感受到，情、愛、性和婚姻這四者之間，在人性的作用下，是難以持續地畫上等號的。但是在婚姻裡，我們又需要建立起這種一一對應的長久關係。所以我們需要了解到，婚姻本身就是一個充滿灰調色彩的混沌理論。如果婚姻裡沒有愛情，那麼婚姻制度本身可以說單純是一個意義上的長期合作。可是當婚姻加入愛情之後，就如同加入催化劑一般，會把婚姻的本質變成一種混沌狀態，然後讓人們各自甘苦。

於是很多人希望用婚姻來保障愛情，結果失望地發現，婚姻很難保障愛情的天長地久，因為婚姻從最開始就不是為了情感的運作而產生的，婚姻是對社會運作和個體生活的穩定性保障。在面對情感危機和糾紛時，婚姻作為保障的本質得以彰顯，它透過人性來制衡人性，透過對財產名望的風險規避，來實現情感關係的相對秩序。降低期待，提升自己，我們聽過千百遍。這是最樸素的生活信念，也是至高的人類自覺。

•••••••••• 去和世界連結 ••••••••••

我們渴望婚姻，因為在婚姻裡，我們能夠放下自己的社會身分屬性，恢復成更純粹的人。我們可以與伴侶對坐在晚餐的桌椅前，相依在夜晚的床鋪上，袒露真實，體驗鬆弛。這也是為什麼我們渴望自由與孤獨，卻仍然難逃人與人之間的纏繞牽絆、情愛消磨。簡單來說，這是人們穿梭於日間工作學習的疲累後，等到的夜間療癒；嚴肅一點來說，這是人類在群居動物與獨居動物之間本能的徘徊游移。

我們都渴望情感穩定，生活富足，這是婚姻能夠帶來的部分功能。可當我們想要更上一層樓的精神追求和生命價值時，是需要在婚姻之外獲取的。面對現實的複雜多變，如果說要找一個出路的話，那就是接納婚姻的不完美。接納美好事物的有限性，是我們對於現實世界所發展出的良好適應能力。在這種適應下，有限性的體驗就會成為我們尋找新世界的前進動力，讓我們不至於在舊世界裡白白消耗。

在婚姻裡尋找人生完滿，如同在沙漠裡等一艘船。婚姻最大的悲哀，就是把所有寄託都放在對方身上，然後在這個自我劃定的有限範圍裡，把自己變成一隻絕望困獸，讓自己在原地打轉，讓他人愛莫能助。直到有一天，經過一番徹痛，終於得到了醒悟，原來存在感和價值感，這些人生議題

無法被婚姻的成功所承載；虛無感和孤獨感，這些生命主題也不應由婚姻的失敗所背負。用理想去盛接偉大，我們終將面臨實現之後的漫長虛無。

所以不要只和婚姻裡的那個人發生連結，而是要和整個世界展開連結。去旅行、去體驗、去感受，然後讓你的情緒從眼前的人身上走出來，在他人他事上，體會更多層次的化學反應；去交談、去工作、去創造，然後讓你的想法從你的腦海裡走出來，去更廣闊的空間裡，看到思維變成現實的樂趣。當眼前的現實與心中的理想皆變得豐盛，混沌婚姻的苦難就會被稀釋，幽微人性的傷痛就會被排解，然後種種情緒都會落在可承受的範圍裡，從而形成強大穩定的內在氣象。

不困於林，天下皆是棲身之所。不囿於情，世間皆是歡盈之境。

第四章　自我認知

掌控感：
強大女性角色的關係吞噬

——「飢餓的人吃撐了胃，缺愛的人在求愛中自傷。人生走到後來，還是自我追逐和享受。」

·············· 諮商案例 ··············

這位來訪者是一個各方面都令人稱羨的中年女性。她在事業上一路做到了政府單位的部門主管，經濟收入穩定，工作內容上也有著很高的價值感和成就。她的丈夫也是一個公司高層，因為工作性質的原因，常年被外派到偏鄉工作，收入更是可觀。於是多年累積下來，他們有了多套住房以及優質的人脈資源。此外，男方的父母對她關懷備至，自己的孩子也十分乖巧上進。這些都讓曾經的她感到無比驕傲和安定。

美好安穩的婚姻生活過了沒幾年，她就發現自己的丈夫出軌了。有一次她在幫丈夫收拾行李的時候，從行李箱裡面翻出來了保險套。當時對感情生活毫無危機感的她，對此沒有太在意，也沒有過問。

後來她在諮商室裡回憶的時候，覺得自己可能潛意識裡

也在默許和預設，一個人到中年的事業男性，只要別對家庭引起風浪就好。直到有一天，她收到一條陌生簡訊，說她的丈夫已經不愛她了，他們兩人的婚姻裡沒有愛情，替她覺得可悲。來訪者是個情感上很粗線條的女性，以為對方傳錯號碼了，還興致勃勃地跟她丈夫分享這個八卦。但是她丈夫看到之後，表情一下子就變得很不對勁，原來傳簡訊的人是丈夫在外地的情婦。

後來丈夫還是承認了這段婚外情，並且向她道歉。她經歷了短暫的痛苦時期之後，選擇了妥協式的原諒。可自此之後兩個人之間的感情還是變了，沒有性生活的交流，也難有情感上的交集。丈夫也答應她，用幾個月的時間把這段婚外情處理乾淨，然後徹底回歸家庭生活。可是婚外情中的女方非常強烈地要把這個男人搶到自己這邊，中間還上演了一齣假懷孕的戲碼來逼著這個男人做選擇。這樣的情勢也讓來訪者的丈夫十分崩潰和後悔。

最後丈夫選擇的還是另一個女人，然後和來訪者當面攤牌，決定離婚。這讓她感到極度痛苦和絕望，覺得自己什麼都沒做錯，自己壓抑著委屈憤恨來重新給這個家庭一個機會，可是對方卻仍然要和自己離婚。面對這樣的生活鉅變，她找到了諮商師，並且在諮商結束之後進入了諮商師帶領的成長小組，繼續在團體中進行學習成長。

·········· 過於強大的角色功能 ··········

來訪者在諮商室裡回顧了自己的這段婚姻，發現她自己在家庭裡的角色功能，有著幾乎吞噬他人生存空間般的過度強大。她在整個大家庭裡兼具了母親、父親、妻子、女兒等幾乎所有的角色，並且把這些角色的功能都發揮到了最佳水準，把自己的全能展現得淋漓盡致。而到了夫妻關係裡，她仍然持續開啟這種強大的功能模式，幾乎忘了自己丈夫這個重要家庭角色的存在，從而沖淡了對於妻子這重身分的經營。

於是她沉浸在了自己角色的全能感之中，認為搞定家庭中所有大小事宜就是維繫了家庭大局。無論是替雙方父母在老家買房買車，安排生病老人住院檢查，還是規劃孩子的教育發展，這些重要的家庭事件都不需要老公出現和參與。丈夫表面上看起來輕鬆自在，可是在家庭的核心事務組成上，他是沒有實際位置和地位的，更沒有實際權力和資源。所以說妻子過度地占有了對方的角色空間，把對方擠到了一個角落裡，讓婚姻空間變得失衡。

·········· 缺乏共同的概念 ··········

雙方在這種婚姻運作模式之下，猶如兩條星軌一般，各自運行，互不干擾。各行其軌不僅意味著沒有衝撞，也意味

著沒有彙集和交融。當諮商做到兩個人的性格模式上時，諮商師發現其實丈夫在本性上也是很強勢、很有掌控欲的。只是他過去沒有在客觀上獲得充足的家庭資源，從而處於一個相對弱勢和隱忍的位置上。但是當丈夫因為事業一路高歌，開始去掌握家庭的很多權力的時候，過去壓抑隱藏的種種就終於獲得了噴發的空間。於是這條單一的星軌就會去尋找另外一條軌道去融合，這也是為什麼丈夫後來十分堅持要選擇離婚。

很多人都在思考，婚姻能夠維繫的依據到底是什麼。面對人性的多變不定，好像金錢、地位、相貌、資源等都不足以與之抗衡。可是在每個人各自所帶的光環背後，我們是能夠去創造屬於我們的共同概念的。我們可以共同來分享和分擔，共同照顧老人，共同撫養孩子成長，然後一起對抗意外，一起獲得穩固。這些彼此參與創造的內容是難以被他人所替代和分割的。

所以當來訪者面臨離婚現狀的時候，她能夠去做的更多的是在上一段婚姻中如何爭取自己的權利，保護自己的財產。從最初的資源切割到了最終的條款實踐，他們一路上進展得非常順利。大廈將傾，我們可以辨析出屬於你的和我的，卻唯獨看不到屬於我們的部分。所以諮商在這個層面上能夠幫到她的，就是陪伴她以一個平和穩定的心態度過當下

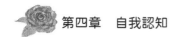

的階段，然後更好地走向下一段自我成長之路。而這所有一切的考量，只對自己而不涉及對方，每個人都是一個獨立的個體。

但是，在婚姻共同體的概念之下，兩個人在經歷生活的變故與艱難的時候，不再是各自吞嚥各自的苦果，而是共同品嘗酸澀，直至品嘗到最甜的地方。這種共同經歷所帶來的如果實般的核心，才是兩個人關係中最為深刻的地方。在這種共同的氛圍下，兩個人不僅能夠幫助彼此來應對生活中遇到的事件，協助彼此來處理情緒壓力，更能在漫漫人生路途上相互攜手，一起抵禦和分擔來自生命最深處的焦慮和孤獨。

難以安放的掌控

來訪者身上強大的自我功能，在離婚後的適應期階段也有不同面向的展現。這種過於強大的背後是功能模式的過於單一，讓她在自己人生的不同階段，都全身心地投入當時最想要去做的事情上面，而忽略了對周圍其他事情的控制。當她專注於工作和家庭時，就很少會顧及自己內心的成長和修飾。當她邊做諮商邊開始去關注內心狀態的時候，她又一度沉迷於市場上女性靈修類的心靈課程，每年不惜投入數十萬

想要去獲得成長。這種難以安放的自我掌控，讓她隨時處於對過去的忽略和對未來的彌補之中，讓自己不斷地在人生的兩端之間搖擺變換。

等到她離婚後，她又把自己的精力從過去的家庭裡轉移到了自己的原生家庭上，接過父母的角色使命，變成整個家庭裡的大家長。於是，她開始規劃弟弟的學業，管理家庭的經濟收支，照顧父母的日常生活。就像當年包攬前夫家庭裡所有的任務一樣，她又開始對原生家庭做著重複的事情。我們會發現，一個人的行為模式是很難進行徹頭徹尾的改變的，人始終需要一個屬於自己的王國來展現自己的能力和價值。諮商師需要去做的，並不是幫助人們建立新的王國以逃離過去的軀殼，而是幫助人們在現有的王國裡不斷地去建構新的內容，從而獲得更好的平衡和發展。

婚姻的形式和真實

在諮商室裡，人們總會不斷地去探討到底是離婚還是不離婚。

探討到後來才會發現，其實婚姻裡的選擇和走向，並不會把我們帶往最糟糕或者最可怕的地方去。只要你能夠想清楚，當自己置身於當下的環境之中，你能不能獲得你嚮往的

幸福和自由，這才是你能感受和觸碰到的真實。相比之下，形式上的組合和剝離所能帶給我們的，遠遠沒有我們想像得那樣多。

當來訪者談到以後是不是還要再進入婚姻的時候，她一方面覺得自己到了一定的年齡層不太需要婚姻了，另一方面也還是難免會渴望歲月靜好的婚姻生活。當她慢慢經歷新的人生階段，找到新的發展方向，找到新的社交圈，她就沒有再去刻意關注那些外在形式上的東西。這種放鬆，反而讓她感受到了來自當下的滿足和安定。形式不等同於真實，透過形式所建構出來的東西，往往會因為徒留形式而倒塌。

當我們把現代婚姻放在人類發展的時間線上，我們會有更深的體驗和思考。人類的發展進程太過於漫長，以至於婚姻難以適應人性的變遷。人類的文明也太過於龐大，讓婚姻未曾顧及人性幽微。婚姻把人們帶到了某個時刻和地點，給了人們群體性的利益和可能，也給了人們個體性的迷茫和無度，從而發生了那麼多在人性與道德之間博弈和游移的生動故事。

每個人都在選擇

在感情中，我們常常探討相配性，其實每個人對於愛的濃烈深淺也是存在相配程度的。來訪者一直沒有經歷過那種

深層次的愛，後來對這種愛的需求也是忽略和疏離的。對她來說，與其送玫瑰和鑽石，還不如把錢拿來投資。在她的情感認知裡面，一起衣食住行就是婚姻當中最理所當然的情感。而愛情中那些充滿浪漫色彩和令人迷醉的種種，是難以抵達她的意識和感覺上面來的。

而她的前夫在內心深處對愛是充滿渴望的，直到它被另一個同樣渴望愛的女性激發出來。再婚之後，前夫的婚姻生活立刻充滿了玫瑰般的色彩。他們一起郵輪度假，一起吃西餐看歌劇。以前他每年也會帶著來訪者去戶外越野，但是她覺得十分無聊且折磨，沒有興致。而當他帶著新一任妻子再來戶外越野的時候，兩個人都如同孩子般在大自然中奔跑，釋放著對愛情的活力和熱情。

每個人對愛的需求程度是不一樣的，每個人也都在對此進行選擇，以期找到自我、回歸自我。來訪者在諮商過程中，也在嘗試去尋找愛的濃烈和熾熱。她開始嘗試去看畫展、看演出，參加各種社交聚會。但是後來她還是很難從中獲得愉悅感，還不如回家，在自己營造的小王國裡面去體會平淡安穩的快樂。所以從這個層面來看，離婚這個選擇反而讓彼此都回歸了最舒服的狀態，找到了最相配的人生。

感情濃淡自知

我們歌頌愛情，歌頌那些用盡一生為愛求索的壯麗愛情故事。可是對於一些人來說，愛情本身並不值得如此大動干戈，不值得如此耗費精神，他們也不願去承擔這樣的重量，濃淡自知就已經足夠。飢餓的人容易吃撐了胃，缺愛的人容易在求愛中自傷。有些時候，太過熾熱的情感最終灼傷的反而是自己，這是我們對於情愛的感性自知。

對待感情的自知，還需要些理性的理解和期待。知道自己想要的和適合的，然後調整自己的理解；知道對方想要的和適合的，然後調整自己的期待。對於回歸單身的來訪者而言，她可以獨自一人去體驗習以為常的居家生活，也可以和更多的求愛者去體驗未曾展現過的生活。過去婚姻裡所經歷的叛逃和對抗，如今都化作了平穩落地的沉靜和滿足。

然後我們會發現，過去追逐了那麼多、那麼久，但人生走到後來更多的還是在自我追逐。然後我們開始學會在自我追逐中去享受自我。開始知道，無論感情裡面的人是否出現，無論生活會變成何種模樣，我們都要自己去提供和負擔這份享受。我們從徘徊到追逐，從逃避到選擇，然後一步步走到了從未想過的地方，看到了從未見過的光景。此時此刻，站在此地，我們面對著的就是屬於我們最好的方向。

焦慮傳遞：
想用努力來對抗不安全感

——「終生成長是時間對生命的漫長雕刻。在這條以生命為長度的道路上，最終的完成者只有自己。」

●●●●●●●●●●● 諮商案例 ●●●●●●●●●●●

這次諮商中的女來訪者和她的家庭關係十分緊張，覺得和丈夫彼此之間互不理解，難以溝通。她和丈夫表面上是女強男弱，實際上雙方都非常強勢，只是在一山不容二虎的爭鬥中，丈夫不得不妥協退讓，暫時壓抑隱忍。在平時生活裡，他們是典型的男主內女主外的模式，丈夫每天風雨無阻地接送她上下班，並且承包了大部分的家務瑣事。

來訪者很焦慮的問題就是，丈夫賦閒在家，沒有工作。在兩人相識之初，丈夫在銀行裡做金融業務，平時工作量很大，收入也十分豐厚。後來等結婚生子之後，家裡不僅還完了房貸，還有了不少積蓄，於是他就乾脆辭職回家炒股，想透過這份輕鬆自由的工作來謀生。在他剛開始炒股的時候，那時的股票市場行情還不錯，所以他在不穩定的賠和賺中獲得了不少收益。

　　而來訪者從事 IT 行業，工作強度非常高，她本身事業心也非常強，在接連幾次職位升遷之後，薪水也是一路上漲。在她生完孩子決定回去工作的時候，她面臨著一個調整適應期，在工作上產生了很大的壓力，從而開始變得焦慮煩躁。當她把工作中的情緒傳遞給丈夫的時候，早已遠離職場多年的丈夫不僅接不住，也不願意去接受這些情緒。而來訪者一想到自己的丈夫還沒有工作，就變得更加焦慮不安。因此，來訪者經常會冒出想要離婚的念頭，覺得自己付出過多，沒有理解也沒有回報。於是她會把她的苛責和挑剔，以吵架、冷戰的對抗形式傳達給丈夫。

　　她在諮商室裡一直在質疑自己的婚姻，覺得這場婚引沒有為自己帶來任何價值。兩個人要不就是各忙各的，各賺各的錢，各做各的事，要不就是在一起，時刻爆發矛盾和衝突。後來來訪者決定做心理諮商的直接原因在於，兩個人在很多事情上的認知有著很大差異，比如孩子的教育發展和雙方的職業規劃等，來訪者總覺得自己的丈夫安於現狀，沒有目標。而深層次的原因在於，她感受不到來自丈夫的保護和支持，也難以對丈夫產生依賴和依戀，從而對生活感到不確定和不安定。

•••••••••• 不努力就焦慮 ••••••••••

　　來訪者從小學到工作，一直都是靠自己的勤奮和努力來成為更好的自己。一旦停下腳步，她內在的不安全感就會變得非常強烈。在她內心深處，每當面對自己人生的缺失或是短處，她都會感到無比的恐慌不安。而她對抗不安全感的方式就是拚命向上，從而把這種努力狀態當作前進的自我依賴。她太渴望透過這種強烈而穩定的奮鬥力量來消除理想與現實的鴻溝，所以她絲毫不容許自己有片刻的放鬆休息。

　　在工作上，她會不斷地學習充電來提升能力，然後不斷地換更好的工作。她從一個普通的小員工一路走到負責公司核心專案的經理，管理的人越來越多，薪水也越來越高。為了完成上級委以的重任，以及對自我成就的渴望，她會把自己完全投入工作，時常加班至深夜。面對上級與自己的雙重施壓，她的焦慮感更是讓她的身心狀態都處於起伏不定的狀況之中。此時，諮商心理師能夠為她做的，就是當一個穩定的陪伴者，在陪伴中分擔她人生的波濤洪流。

　　內心的情緒不僅盈於內心，也會無限蔓延，從而把焦慮傳遞到家裡的各個角落。她看到自己的丈夫躺在沙發上玩手機會焦慮，看到兒子只看電視不寫作業也會焦慮。每當她一回到家，家裡的這兩個男人就覺得家庭氣氛好像結凍了一

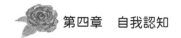

樣。在她焦慮目光的所及之處，全是更加激起她焦慮情緒的
「釘子」。於是她就會拿起錘子去敲打這些「釘子」，在對抗與
發洩之中，形成惡性循環。

　　即使丈夫在家炒股所賺的錢已經超過了很多同年齡的職
場男性，但看到自己的丈夫沒有固定職業，她仍不斷地勸說
他出去工作。她也會不斷培養自己孩子的興趣愛好，從籃球
鋼琴到英語奧數。每當她看見其他孩子在學什麼，她都會和
諮商師探討要不要讓自己的孩子也去學習。她執著於拚命努
力的姿態，渴望從家人身上看到和自己同樣的東西，卻很少
想過，在努力的另一面，每個人想要的到底是什麼。

　　　　　　　　　走好各自的軌道

　　懶散和懈怠，在她的人生詞典裡，是帶有強烈羞恥感的
貶義詞。於是她用盡方法來推動家人努力向上，比如給孩子
報名各種補習班，讓孩子的週末時間完全被課程填滿。每次
她要繳交補習費用的時候，孩子的反抗情緒都非常強烈，丈
夫也很反對這種嚴苛教育。但作為家中的主導角色，她最終
還是透過她一如既往的嚴苛掌控得到了家人的順從。於是，
她把家人推入加速軌道上，讓他們去實現她想要的人生。

　　對此，她丈夫的應對方式就是抽身退位，既不管事情也

不出錢，而她就像一個隨時可能會爆發的火山一樣，對丈夫發洩不滿。後來透過諮商她意識到，過度干預他人的運行軌跡，不僅獲得不了她預想的結果，還阻礙了他人發揮原本的功能。當她放開手讓家人自由發展的時候，丈夫不僅主動接送孩子上下學，還願意用自己炒股賺到的錢來支付家庭旅行的費用。就這樣，她把很多自由交還給對方，也把很多焦慮和壓力分散了出去。

後來她進入了諮商師帶領的成長小組，找到了自己的一個成長管道，學會傾聽表達，學會理解包容，學會用興趣愛好來專注自己的人生。兩年前，在她和丈夫的關係慢慢緩和恢復的時候，她很喜悅地來告訴諮商師，自己懷孕了，他們全家人都很期待這個新生命的降臨。在懷孕期間，她的心態變得更加包容和接納，開始去欣賞丈夫和孩子各自不同的節奏步調。

每個人的生活軌跡都如同音軌一般，不僅有各自的節奏和高潮，還要在互動中完成主旋律和伴奏的相互配合和相互轉換。當她退回到自己的軌道上，讓每個人都能專注演奏自我的時候，她就會發現，正是每個人節奏步調的錯落有致，才構成了家庭生活的交響樂章。

·········· 真實人生的演習場 ··········

　　很多來訪者在諮商結束之後會進入諮商師帶領的團體成長小組，來體驗更為長期的沉浸式成長。簡單來理解，團體成長小組就是為我們的自我成長提供一個真實的模擬環境。諮商室裡面進行的是一對一互動，探討的內容也更具體、更有針對性。而到了團體小組這個成長環境中，我們與他人進行互動，將諮商室裡的領悟進行現實化的演練。

　　團體環境既是模擬，也是療癒。有的人進入團體之後從來不主動說話，那麼團體中的導師和同學也能夠接受和接納這樣的人每次安安靜靜地坐在角落裡沉默著。經歷幾次沉默之後，小組中一定會有成員主動和他們去互動交流，然後慢慢地把他們帶進團體的場域之中，讓他們去體驗團體的動力。我們說團體是一個模擬的現實世界，可這個模擬世界又比真實世界多了療癒性，因為成員之間沒有經濟和情感層面的利益關係。在這裡，人與人之間的連結具有更為純粹的成長動力。

　　在這個成長動力裡，最為重要的是找到自己的成長途徑，從而接近和抵達我們的成長彼岸。如果說內在成長更多是指我們的情感能力和人格模式的完善，那麼外在成長就是我們實際表達能力的提升，比如傾聽能力、溝通能力、同理

能力等。外在成長是最能夠在團體環境中直觀展現出來的，比如這位來訪者，她會漸漸發現，原先很多對於婚姻的抱怨和指責，都來源於自己不喜歡婚姻裡的那個自己。於是後來她學會改變溝通方式，以讓自己的丈夫和兒子更舒服的方式來傳遞情緒和感受，從而實現外在表達能力的成長。

後來，她也開始慢慢直視自己內心深處苛責挑剔的部分，開始走向內在成長。她會發現，自己的高要求不僅自己的丈夫做不到，其實她自己也做不到。然後她在諮商中才意識到，苛責的自己一直希望找一個完美的他人，來對自己進行灌溉。期待落空之後，她就會把憤怒指向對方，然後把自己變得更加苛責。現在的她學會放下苛責，放過了對方，也成長了自己。

·········· 持續學習的後花園 ··········

就這樣，在團體小組裡，大家會持續地在固定的時間和固定的場地裡體驗成長。於是，大家都擁有了一個內心的樹洞，它可以容納消極情緒，還會給予正向回饋。

其實每個人的成長途徑和成長方式都各不相同，但是最核心的成長是持續一生的，這是時間對生命的漫長雕刻。我們最大的現實問題就在於，一旦我們離開了學校，我們就失

去了學習的環境。踏入社會後，無論是公司還是家庭，它們都沒有責任和義務像學校那樣去給予我們諄諄教誨。於是我們會看到，很多人在離開學校之後，雖然還在學習職場、生活的社交技能，讓外在的成人模式變得非常豐富和完善，但是自身內在的覺察反思能力和行為成熟程度卻一直都處於停滯狀態。所以我們要主動地去建構學習環境，在我們自己創造出的學校裡面，去實踐終其一生的成長。

就如這位來訪者。她後來走進了以親密關係為主題的成長小組，和團體中的同學一起實現婚姻中的成長。譬如，她以前很看不慣丈夫在家裡自由散漫的生活狀態，而現在她開始學會尊重對方的個人邊界，欣賞對方的生活態度。她以前總是用指責性和命令性的語言表達不滿，如今她開始嘗試用更為溫和舒服的語言來表達需求。

·········· 終生成長的漫長實現 ··········

在終生成長的過程中，人們要經歷從被定義到自我定義的轉變。過去我們在校園裡的學習，有著明確而一致的目標，所有人朝著同一個方向迎面而上，內心疲累卻也篤定。如今人們在自我成長的道路上各奔東西，雖然擁有了更高的自由度，卻要面臨更具挑戰性的問題：我要去往何處。人們

會發現，學校課堂裡顛撲不破的真理和按圖索驥的方法，難以適用於具有紛繁可能性的人生。更現實的是，生活難有既定的方法，也沒有可以奉為圭臬的永恆真理。

於是人們會說，我們要去遵從內心的法度和準則。正如在自我定義的過程中，我們要去尋找或是創造屬於自己的方向。這更像是一場新舊更替的自我整合，讓我們把眼中所見的萬種世間價值在心中進行過濾和篩選，捨棄喧囂和桎梏，留下值得信奉的人生價值。然後我們再以此為基石，建構理想的工作、理想的婚姻以及理想的人生。

在追尋理想的前進途中，我們還要學會去面對迷茫和孤單。我們不再有完善的評分系統來準確告知自己自我的成長進度，能為我們打分數的人只有我們自己。我們也不再有眾多攜手共進的同路者，每個人都在自己設計的人生軌跡中獨自行走著。也許我們會收穫來自他人的鼓勵支持，還有一段同行之路的陪伴，但是在這條以生命為長度的道路上，最終的完成者只有自己。我們要成為自己的老師和同學，在迷茫中給予自己肯定和指引，在孤獨中給予自己關注和陪伴。

選擇也意味著捨棄。在我們選擇了一條道路的同時，我們也放棄了很多風景紛呈的道路和可能與之發生很多故事的同道之人。在每一次全力以赴後，在每一次捫心自問是否值得時，我們難免會有些許失落和不安。可是，隨著時間的推

移，未究之境越來越近，已竟之事越來越多，內心也會變得越來越平靜篤定。漸漸地，我們都能讓那個模糊的答案變得越來越清晰。

成長動力：越優秀，越容易在關係裡覺得委屈

——「我們探索的軌跡正在朝四面擴張，然後結成一張緊密的網，攔住我們那顆漂泊不定的心。」

················· 諮商案例 ·················

在上一個諮商案例中，來訪者婚姻關係裡呈現出的最核心的兩條主線，就是婚姻的階段性和安全感。在她結婚十年的時間裡，這兩條主線都和他們兩個人的工作狀態有著很大的聯繫。最顯而易見的就是雙方的職業發展和婚姻階段，來訪者不斷升遷突破，而對方日漸安於穩定。於是兩個人在親密關係上，從相識之初的平衡和諧，到後來經歷冷戰對抗之後，女方占據主導地位而男方抽身退後的婚姻狀態。

而這背後更深層的問題在於，來訪者對婚姻強烈的不安

全感。這種不安全感一方面來自自己的丈夫沒有把事業和生活經營得更好的上進心，這讓她覺得對方無法成為自己的港灣來為自己遮風避雨。

另一方面，這種很強烈的不安全感來源於金錢，她始終覺得，握在手裡的金錢資產才能讓自己踏實穩定。而這種把自我和關係中的安全感過度寄託在金錢上的認知，很多時候會嚴重傷害到夫妻雙方的關係，讓家庭經濟貢獻多的一方覺得不平衡和不甘心，讓貢獻相對較少的一方覺得自己被質疑和被否定。

•••••• 婚姻階段的重新整理式認知 ••••••

來訪者的婚姻在不同的階段呈現出了截然不同的婚姻特徵，雙方也承載著完全不同的價值功能。我們可以把她的婚姻劃分成三個階段。在第一個階段裡，兩個人剛剛結婚工作，在北部租房過著打拚的生活。那時，兩個人有著非常明確的生活目標，就是努力賺錢，買房買車，然後安安穩穩地扎根在北部。所以當時買到第一輛車時，他們特別幸福，每個週末都開著車穿梭於大街小巷。在這個階段，他們擁有共同的信念、共同的生活和共同的目標。這份共同感，讓他們一起抵禦了打拚路上的寒冷和幽暗。

　　到了第二個階段，他們有了溫暖的居所，有了新的生命，有了日夜盼望的理想生活。但當生活一旦進入穩定狀態，人們原本專注打拚的心也就有了新的探索和考量。來訪者想要更好的未來，讓自己的生活水準和所處階層能有持續性的提升。很多時候，對於更上一層樓的執念往往會讓人們陷入貪念，然後被貪慾所掌控。由貪生痴，由貪也生怨。這份痴心和執念，不僅會讓我們對自己產生期許，也會讓我們對他人產生更高的期待，而這種期許往往是要落空的。

　　所以她的婚姻是在第二個階段出現問題，正如我們常說的七年之癢或是十年之癢，無論它出現得早與晚，它都是婚姻經營過程中躲不掉的考驗，也是從中窺見關係命脈的契機。我們常常感嘆，如今的眼前人已不再是當年那個讓自己迷戀的發光體。我們也需要明白，沒有一成不變的人，也沒有一成不變的關係。於是我們會說，在婚姻的不同階段裡，人們需要同步更新婚姻地圖，從而調整自己的定位和期待，生長出更好的功能和力量。

　　當我們對當下的婚姻階段進行重新整理式認知時，我們要接受對方的變化然後調整期待，更要接受世界的常態然後讓自己釋懷。在認知層面上，首先要去理解和接受，變動是婚姻的常態。當兩個人攜手走進婚姻之後，總會有人走得快一點，有人走得慢一點，然後兩人就在前與後的不斷交替變

換中，一起度過數十年的風雨陰晴。如果兩個人的成長節奏明顯不一致，雙方還看不見抑或是不想看見差距，那麼漸漸地，兩個人之間的距離就足以形成隔閡，甚至是難以踰越的鴻溝。

讓成長不違初衷

在情感層面上，走得快一點的人還要去面對自己的不平衡和不甘心。就像這位來訪者，作為一個對自己嚴苛要求並且在職場上進步飛快的女性，回到家看到自己的丈夫十年如一日地沒有成長和突破，她會油然而生出兩人不相配的想法。家庭財務貢獻的不對等讓她不平衡，彼此眼界層次的差異讓她不甘心。讓人覺得很是惋惜的是，那些初衷是想要助益婚姻的自我成長，卻往往成了對婚姻產生破壞力和殺傷力的武器，讓成長和優秀成為橫亙在彼此之間難以擺渡的河流。

面對走在後面的另一方，對其哀怨責怪或是打擊指責，都只會加速雙方情感上的遠離和關係上的分離。其實最簡單也最有效的做法就是，把成長變成一種具有吸引力和感染力的關係動力，以自己的成長去影響和帶動對方進步。後來，來訪者自己也積極調整了與丈夫的相處和溝通方式，丈夫也

開始嘗試做出很多改變，不僅積極接過陪伴和教育孩子的責任，而且每次在來訪者情緒不穩定的時候，他都能成為家裡最冷靜包容的那個人，為她提供她一直想要的支持和保護。

　　與其過度關注對方的成長進度，我們不如先去看到和肯定自己的成長，因為成長是為了自己，而不是為了對方。了解了成長是一種自我成就，我們的內心就會少一份不平衡。感染、帶動對方去往更好的方向，而不是向對方索求、命令，我們就會少一份理所當然，也就少一份被虧欠和被委屈的不甘心。這些情感層面上的自我調整，讓我們的成長能夠在婚姻中始終保持它最初的良性功能。

和自己握手言和

　　我們會發現，很多人都很擅長透過自我反思來看到自己的缺陷和不足，然後在持續的自我完善中去彌補或是調整。可我們也會發現，很多問題是無論如何努力也改不掉的，特別是那些無限接近於自己本性和本能的缺點。來訪者在諮商後期經常會表達後悔，說自己昨天晚上又和丈夫吵架了，自己的情緒又沒在孩子面前收好，進而覺得是自己不夠好。其實發脾氣和鬧情緒都很正常，關鍵在於出現問題之後，我們能不能主動承認錯誤和表達歉意，然後讓家庭關係變得更加

和諧和穩固。

　　人們往往會活在一個固定的盲點裡，認為改掉自己的缺陷和不足，很多問題就迎刃而解了。在這個盲點裡，人們建立了一個強而有力的邏輯，極大地突顯了自我改變世界的力量。我們不否認這種生命力對於人的成長價值，可當我們意識到很多事情自己無能為力的時候，我們也需要給自己一些心理空間，去容納無法避免的失落，去還原自我能動性的原本力量。

　　在面對缺陷、不足的時候，很多人往往還會產生不配得感，覺得滿身問題的自己不配擁有更好的事物。在這種不配得感裡，人們把自己的很多元素，例如人格模式和性格特徵等，放到對立面來給予負面評價，從而讓內在自我處於對抗狀態。而要想在對抗中尋求和解，首先要讓對面那個不被接受和認可的自己回歸到自己身上，然後在原諒中體驗接納，在接納中體驗享受。這才是我們自己和自己的握手言和。

擴展空間維度

　　來訪者後來發現，每次她想要去克服自己的缺點時，內心就會本能地產生牴觸情緒，然後自己就在這條面對與退縮的道路上前後徘徊。而打破這種徘徊最有效的方式，就是讓

自己去嘗試更多更好的事情，放下對單一事件的糾結，尋找更多元的發展，從而獲得一個更為立體的世界。來訪者一直不喜歡商業應酬，她不會喝酒，也不喜歡酒桌氛圍，所以只要有外出應酬她就會躲開。後來，她也開始嘗試和上司一起走上酒桌，雖然她仍然不太會喝酒，也不習慣酒桌文化，但她慢慢發現了紅酒小酌的樂趣，也感受到了酒過三巡，人性的放鬆和真實。

我們不少人會終其一生地尋求洗心革面、重新做人，彷彿經歷一場自我成長的革命之後，人生就如同涅槃一般，進入一個新的境界。這實際上是一個非常大的認知錯誤，也是對自己非常大的一個傷害。因為我們沒有辦法讓時光倒流，然後沖洗掉成長在自己身上留下的所有痕跡。我們也沒有辦法和過去的自己完全切斷，像丟掉包袱一樣告別過去那個失敗不堪的自己。而真正的現實是，過去的每一個自己都存在於我們的血脈之中，影響著此時此刻這個自己的形成。

所以我們要讓當下的自己學會更多的技能方法，去展現這個更好的自己。我經常和來訪者探討的改變方式，就是去不斷地擴展自己的層次，在自己想要隱藏和弱化的層面上，建立出更多充滿光彩的新面向。放下改不掉的，拿起可以提升的，很多時候，不去解決也是問題的一種解決方式。當我們嘗試新的內容，走向新的方向，很多困局也會由此變得豁然開朗。

·········· 讓秩序感賦予安全感 ··········

當走進諮商室的人們被困於生活一隅時，諮商師就會陪伴他們用更大的視角去看看這個世界，讓他們從內心的困頓失意中走出來，然後不斷地向外探索和突破。其實這是一個很大的話題，簡單來說就是，我們要多一些樂趣愛好，多結識一些人，多見識一些風景。對外部世界的好奇和探索，是人類深植於內心的一個本能，可如今我們會發現，很多人把自己的世界隔離封閉了起來。

人類的生命和生活，本身就一直處於一個不確定的狀態，這才是生命的常態和本質。人們總渴望透過歸納總結來找到可以解釋世界的方法，從而化解心中對於不確定的恐慌不安。當方法一次次被建立又被推倒，封閉就成了人們對抗失序與不安的有效方式。於是人們在失落中停下探索的腳步，安於此時此刻這個非常確定的時空關係裡，譬如確定的家庭關係、確定的工作階級、確定的社會關係等。

人們期待這些確定的關係能夠結成一張結構緊密的網，攔住人們漂泊不定的內心，然後讓秩序感賦予安全感。正如來訪者，想要透過事業發展和家庭貢獻，來獲得理想的婚姻關係和親子關係，還希望藉此解決心中無處安放的不安和孤獨。然後人們會發現，很多時候這張網是抓不住這顆心的，太多的期待會讓現實關係超過負荷。

·········· 從封閉到向外探索 ··········

　　從更深層次來看，其實封閉和隔離是有助於我們進行自我保護的。很多人選擇了封閉隔離，其實就自動選擇了秩序感和安全感，而安全感也會讓人們停留在封閉隔離之中。在安全感裡停留的時間久了，我們所說的瓶頸就會出現。所以我們需要看見自己在層層保護之下的探索本能，然後不斷向外去尋求和變換。這種尋求和變換並不意味著不斷地換工作和換情人，而是我們可以拓寬我們的時空關係，用更多的時間去走更多的路，從而讓我們的生命體驗變得更加豐富。

　　在向外拓展的時候，我們會看到很多生活中很優秀的來訪者，他們經常會把自己的人生過得很制式化。在這種模式裡，他們會有一種強烈而僵化的邏輯認知，即做到了努力和付出，就會得到想要的結果。於是他們會像準備考試的學生一樣，在努力中等待考試日期的來臨。可是現實中美好的人和事並不會像考試一樣如約而至，它們往往是在無序世界裡隨機出現在我們身邊的。所以從人生成長的角度來看，模式裡的努力雖是在向外探索，但也是讓自己走上了一條封閉之路。

　　我們可以試著去懷抱一個更為開闊的心態，去迎接那些翩然而至的美好。也許當機會來臨時，我們仍然缺點滿滿，

仍然探索寥寥，可我們仍然配得上擁有和把握。我們要看到內在的不確定感和不安全感在作祟，也要看到我們探索的軌跡正在朝四面擴張，為我們的內心鋪開一張真正可以去放心依託的網。

自我不配得感：用光環開啟自我保護模式

——「情感沒有歸處，人們便會一直馬不停蹄，奔向變幻莫測的未來和飄渺不定的摯愛。」

•••••••••• 諮商案例 ••••••••••

來訪者是一位年收入數百萬的職業女性，可以說是當今七年級生這一批奮鬥成功的優秀女性代表。她大學和研究所都就讀於頂尖大學，畢業後就順利進入了司法體系，拿到了一份收入不算很高卻很清閒的工作。在這樣的一個舒適平穩的職業環境下，她一做就是三年。

在這期間，她認識了她現在的丈夫。這個當時的男朋友非常符合她的理想標準，外形高大健壯，性格靦腆內斂，是

會讓女性覺得很有安全感的類型。但是來訪者卻很難感受到安全感，一方面來自客觀經濟狀況，因為丈夫是從事 IT 業的，收入是她的很多倍，讓她感受到了兩個人在經濟收入上的巨大差距；另一方面來自內在情感，雖然丈夫的性格模式相對比較穩定，也很少主動和她爭吵，但是她的性格相對比較糾結，會有持續冒出來的不安全感和不確定感。這也使得她無論是在工作上還是在家庭裡，都會去過度在乎對方的想法。

所以她覺得自己的工作和婚姻都好像面臨著很大的問題，而這些問題又難以說清。當她感到鬱悶焦慮的時候，她無法在工作環境中去表達，只能回家對著自己的丈夫傾訴。但是丈夫很難理解她這些難以名狀的情緒，常常覺得她是在庸人自擾。有時候兩個人忍不住爆發一頓爭吵，然後吵到深夜丈夫就抱起枕頭搬著被子，獨自到書房去尋求清淨。在這種吵架模式之下，丈夫其實是感到輕鬆自在的，覺得自己一個人在書房玩遊戲看電影非常自由。而來訪者就特別崩潰，每次都把自己關在房間裡面大哭至深夜。

直到後來她的憂鬱焦慮達到了一個比較嚴重的程度，並且還伴隨著情緒性失眠。在這種狀態下，她覺得自己索然無味的夫妻關係根本無法繼續，也難以從中獲得她想要的情感需求。此外她和原生家庭的關係也很是疏離，難以從父母那

自我不配得感：用光環開啟自我保護模式

裡得到理解和支持。還有，她覺得自己平淡的工作缺乏意義和價值，連帶著整個生活都沒有動力和生機。就這樣，當她的人生面臨著很大的一個困境的時候，她來見了諮商心理師。

後來，她在諮商師的陪伴下，逐漸回歸自身，重拾了那個不甘平庸的自我。於是她毅然決然辭掉索然無味的平淡工作，跨行進入會計產業，憑自己的聰慧與努力，在高壓與高薪中大放異彩。

·········· 過度承載家庭使命 ··········

在重新回看來訪者成長經歷時會發現，她的不安定感相當程度上來源於她和父母的關係。她的原生家庭來自鄉下地方，作為家裡的長女，她下面還有兩個弟弟。她的父母一直希望將來能夠舉家從鄉下搬到大城市生活，所以從小就對他們姊弟三人進行潛移默化的思想灌輸。而她在這一代孩子裡相對早熟，從小就自動承接了來自上一代的使命，產生了這樣一個成為都市人的奮鬥意識。後來的她確如所願，成功地實現整個家族的願望，完成了整個家族的生存跨越。

在實現兩代人願望的過程中，她完全取代父母，同時扮演了一個家庭裡父親和母親的雙重角色。可以說她不僅成了

弟弟們的父母，還成了她父母的父母。她的父母來自相對普通的知識分子家庭，父親在事業上沒有上進心，甘於享受平凡的生活。而母親則恰恰相反，十分嚮往大城市豐富的生活，於是多年來都活在對生活現狀的抱怨、指責和不甘心當中。在後來的諮商過程中諮商師也發現，她的母親一直處於憂鬱狀態之中，這種情緒也傳遞到了來訪者的童年裡，為她的性格鋪上了一層灰色調的底色。

我們會看到，上一代裡難以實現的期許，會傳遞到下一代中最有家族使命感的孩子那裡。這個孩子就在早熟中迅速成長，成了這個家庭的大家長。在後來的打拚過程中，她透過事業來累積財富和人脈資源，先是幫她的兩個弟弟畢業後留在了北部，並且贊助他們貸款買房，然後藉機把父母的戶口遷到北部，完成了家族夢想。

⋯⋯⋯⋯⋯ 成長缺憾中的力量 ⋯⋯⋯⋯⋯

努力奮鬥背後的核心動力，來自想要被父母看見的渴望，而她的父母卻從未給予她想要的關注和肯定。這種未被滿足的渴望從童年延續至今，讓這個開啟發光模式的成年人時常流露出兒時的黯淡。身為諮商師，我面對著這個事業非常成功的女性，如同面對著一個渴望得到糖果和擁抱的小女

孩。我印象很深刻的一點是，她經常會敘述自己在工作中又獲得了一個怎樣的進步，自己又建立了怎樣的團隊關係，然後直接告訴諮商師，希望得到表揚和讚賞。而渴望被表揚、被讚賞的背後，是她過多承載了家庭重擔之後的不被看見。這些未被完成的人生缺憾，恰恰成就了她今日的事業完滿。

感情裡的我不配

她過去的人生中，還有一個很重要的小插曲，就是她在大學時候的無果初戀。在前幾次諮商中，她對諮商師編造了一個初戀故事，直到後來的一次諮商中，她才重新講述了這個故事的真實版本。當時她喜歡上了同系的學長，一個院系裡乃至學校裡的風雲人物。過去的她一直沉浸在成長經歷帶來的自卑敏感之中，以至於在她身上就形成了一種獨特的外在柔弱、內在桀驁的人格模式。這種特別也吸引到了這個學長，可是當他對她表白的時候，她卻非常堅決地拒絕了。

雖然她對於學長不僅欣賞傾慕，而且有著很深的依賴，但是內在的自卑敏感又會讓她開啟保護模式。表面堅決拒絕的背後，是內心深處的自卑，覺得這樣完美的他不是自己能夠得到的。這種不配得感，讓她在感情的萌芽階段，就對可能出現的親密關係進行了迴避。

　　這樣的一個初戀，對她後續的情感觀念有著非常大的影響，讓她不相信情感，也不相信戀愛。因為她該去經歷的時候沒有去經歷那種濃烈炙熱的校園戀情，無論是夕陽湖邊手牽手的溫柔纏綣，還是圖書館裡彼此陪伴的踏實穩定。她一直都是獨自一人，從寢室到教室，再從教室回寢室。這樣的一來一回，構成了她數年來絕緣於男女情愛的校園生活軌跡。

　　在回憶這段情感時，她的內心下沉到了一個很深層的痛苦狀態之中，痛苦於自己想要得到而且能夠得到的，自己卻不去得到。我們會發現，相比於一段有始有終的感情，往往是那些沒有成形的戀情，或者是無疾而終的感情，更會對人產生持久而深刻的影響。這些遺憾如同黑洞一般，不斷吞噬著人們將會持續一生的對過去的懊悔，對未來的期待。

·········· 短暫情感的持續療癒 ··········

　　這段回憶也讓她在後來的日子裡，不斷地品嘗體會著情感的完美性和童話性。因為在這段感情裡，她被自己眼中光彩奪目的他所看見了。即使最終沒能走到一起，被自己喜歡的人所喜歡這件事，也極大地滿足了她長期以來的情感需求，讓她得到了肯定和證明：自己真的是一個值得被他人喜歡和寵愛的人。

可以看到，極度深刻的瞬間記憶，會成為一個持續一生的完美療癒。感情漸濃時的戛然而止，如同煙火綻放前的寧靜夜空，看似什麼都沒有發生，卻又留給人們無限的期許和幻想。於是這個她療癒情感的核心祕境成了她的內心樹洞，直到諮商做了二十幾次之後，才慢慢被開啟。當裡面埋藏多年的祕密被自己和諮商師看見，她才開始試著去承認和接受過去那個自卑且自閉的自己。她也慢慢意識到，未曾擁有的感情所帶來的美好，往往是擁有的感情所難以達到的。在感情的另一端，無論站著的這個人是她的丈夫還是學長，都很難能帶給自己想要的那種全能情感經驗。

⋯⋯⋯⋯⋯ 用優秀拯救他人 ⋯⋯⋯⋯⋯

長期以來對於自己的過度苛責，也會轉而形成對他人的苛責。這些人可能是自己的戀人，可能是孩子，也可能是父母。當來訪者自己體驗到了事業有成帶給自己的成就感，再去面對事業平庸的丈夫時，她就想透過自己的優秀去拯救對方，讓他也去體驗這種成就感。在這些人眼裡，由於苛責為他們的人生帶來了不斷的更新，而被視為一種對人好的方式。而身為被拯救的那個人，這種苛責性的好意也許是不堪承受的。很多美好的感情之所以最終走向怨懟，就是因為彼此都卡在拯救與被拯救、苛責與被苛責的關係裡。

而當我們成為更優秀、更完美的人時，我們恰恰會需要對方更多的養分來滋養自己，自己反而難以給對方提供更多的養料。就好比一棵普通的樹，當它想要成為參天大樹的時候，如果只去依賴旁邊的一棵樹，就一定會盡可能地把它的養分掠奪過來，從而出現自然環境下攀緣扼殺的競爭現象。對於人類而言，夫妻雙方更是根系交纏，血脈相依。當彼此共同的枝繁葉茂可望而不可即的時候，我們轉過來就會對對方有很多攻擊和指責，彼此相愛相殺。

其實從相愛相殺中走出來的道路方向也很清晰。既然想成為一棵參天大樹，甚至想要成為一片森林，那就充分擴展自己的根系，往外去尋找更為充足的雨露陽光。生命的空間無比廣闊，為人們提供了無限的伸展方向和路徑，去抵達和創造外部世界。對於來訪者而言，她就走了發展事業這樣一條道路，讓自己在工作上找到了優秀的團隊，從而實現了職業上的願景。事業帶來的生命養分，也讓她從情感的窒息狀態中逐漸緩和了起來。

情感沒有歸處

對於來訪者而言，她在過去的人生中，持續在體驗一種無比熟悉的「得不到」。身為一個孩子，她想要的被關愛、被呵護，在父母那裡沒有得到。身為一個女人，她想要的被

理解、被欣賞，在丈夫那裡也沒有得到。所以她一直以發展事業為重心，既是在滿足自己的當下，也是在填補自己的過去。

可是當下和過去猶如兩個平行世界一般，看似緊密相接，實則難以連通。婚姻和愛在不同的階段都會因為不同的經歷呈現出不同的狀態。很多時候我們期望永恆不變的愛，期望婚姻可以像容器一般，盛裝和儲存所有的回憶和情感；也期望婚姻可以如底片一般，成為愛情進入高潮時的永久定格。當我們帶著滿滿期望尋找情感歸處時，時常會發現婚姻並不是情感的歸處，情感沒有歸處。

可是愛的成分一直都是在變化的，有熱戀中的熱情之愛，有家庭生活中的親情之愛，還有彼此陪伴的朋友之愛。愛在不同階段裡，在其成分上是有不同配方的。當來訪者在機場送孩子出國讀書的時候，她突然意識到此刻的自己孤身一人，正如當年校園時代的自己一樣。可是此時的她，會比當年的自己對另一半的要求更多也更高，也更難有相同年齡層的人能滿足自己多年來未曾實現的情感訴求。所以在後來的人生中，她一直都沒有尋找到心目中的「真愛」。

情感沒有歸處，人們便會一直馬不停蹄，奔向變幻莫測的未來和飄渺不定的摯愛。我們會發現，自己情感的缺憾，還有人格的缺陷，猶如萬千碎片組成的拼圖裡剛好缺失的那

一枚，於是我們抱著拼圖找遍了所有人，最終發現能去填補的人只有自己。回顧這場奔波，也許我們會感嘆人生徒勞，感慨歲月空投。可是，在淚海裡掙扎遊渡，我們最終會上岸；在艱難中品嘗苦澀，我們也最終會嚥下。然後你會發現，自己漸漸修復了童年的傷口，慢慢填補了青春期的缺憾，然後在成年的世界裡通達了自我，找尋到了生命的意義，甚至，你自己成為意義本身。

孤獨感：
世間到底有沒有靈魂伴侶

——「現代人享受孤獨，從一個容器裡不斷地跳進另一個容器裡，但好像一直也沒找到希冀與解脫。」

········· 諮商案例 ·········

還是這位來訪者，當她覺得自己的人生面臨很大困境的時候，她就很想換一種生活方式，嘗試另一種生命的可能性。那時的她休完產假即將重返職場，不想繼續像過去一樣，在平穩安逸的工作中浪費生命。於是她放棄了公務員體制，直接辭職了。辭職之後，她轉向了有更多發展可能性的

會計行業，在考完會計師資格證之後，找到已經在這個行業裡做得很好的大學同學，進入了他的會計師事務所，從助理慢慢做起。隨後她面臨的一個職業關鍵期就是她的角色轉型，從一個助理的角色正式轉變為會計師的角色，這意味著她需要完全依靠自己的案子來養活自己。

在為她做職業相關的諮商時，有兩條很明晰的主線。第一條主線是解決她的情緒問題，讓她以相對平穩的心境來進入職業發展的關鍵時期，從而冷靜客觀地對自我需求和職業規劃進行分析和拆解。第二條主線就是，當她在職業規劃上面臨轉型的時候，其實是沒有周圍人支持和鼓勵的。此時，心理諮商就為她提供了一個支持系統。

接下來，這個支持系統就陪伴她去尋找和建立更為現實化的支持系統，幫助她去銜接並融入會計師事務所的團隊之中。隨後的幾年裡，諮商師見證了她的職業成長過程，從小團隊一步步進入更大、更成功的團隊，從一個邊緣員工逐漸成為核心人員，從一個被引領者慢慢成長為一個引領者。當她每年經手的案子金額達到數千萬時，她的焦慮和壓力等情緒問題也慢慢得到了緩解。

·········· 拿到薪酬的真實感 ··········

　　諮商過程中，有一件讓諮商師印象特別深刻的事情。有一次，她非常激動地來和諮商師分享她是如何主動拿到自己的第一單案子的。當時處於職業瓶頸期的她聽取了諮商師的建議，到家附近的咖啡廳去閱讀寫作。恰好她聽到了坐在旁邊的人在不斷地打電話，話題內容正好涉及自己公司的相關業務。於是等通話結束，她就立即主動地走到這個人面前，對剛才電話裡提到的業務現狀進行了專業分析。還沒等她分析完，對方就立刻主動邀約進行合作。

　　就在這樣的一個意外情況下，她簽下了自己人生中第一筆數萬元酬勞的合作專案。拿到第一筆薪水，她才有了和這個世界交手的真實感。可以看到，一個人的自信不僅源自於自身能力，還來源自外在肯定。在這個殘酷世界裡賺取金錢來作為自我依靠，就是自己與這個世界發生的最現實、最直接的正向連結。在這種正向連結的作用下，職業生涯被打通，生活被支持，那些無處釋放的焦慮和壓力，也在一次次和世界交手的過程中慢慢得到了驅散化解。

　　後來她每半年左右來見一次諮商師，分享這半年又取得的工作進步。經歷中年轉型時期的時候，她需要面對來自新階段和新領域的雙重挑戰。每當她感到不自信和不確定時，

當年自己拿到第一筆酬勞的振奮和真實感，又會不斷地帶給她力量，讓她想要去繼續往上走，繼續去和這個世界發生連結，繼續去體驗這種掌握自己人生的感覺。

·········· 女性特質等待喚醒 ··········

在當代職場環境下，女性如果想要投身企業，很多時候需要付出的成本和代價會比男性多很多。特別是當女性走到一個比較高的位置上，她會發現周圍的競爭人群裡大部分都是男性。有些職場女性為了讓自己適應並融入職場環境，會把自己變成一個女戰士。同時，這些女性還特別厭惡並且看不起那些擅長發揮女性優勢的職場女性。來訪者自己就是這種戰士般的職場女性，在諮商室裡談到那些很會溫柔撒嬌的女性時，她就會表現得特別痛恨和鄙視。她認為她們不是和自己一樣靠工作能力在職場中殺出一條血路來，而是靠博取男人的歡心來上位。

這裡面所展現的一個很重要的事情是，這位來訪者的女性意識沒有很好地被喚醒。她從很小的時候起，就成了家族使命的承擔者，是家中比男性更有力量的存在。在這種沒有被當作女孩子來養的成長氛圍下，她自己也很難對於自己的女性身分產生認同。於是，那些成長過程中被壓抑的隱痛，

被展現在了後來的兩性交往模式上。

於是她也開始承認，這些善於發揮性別優勢的女性往往能夠在職場中如魚得水，甚至擁有著讓很多男性難以取代的位置。但當她講述這些女性的時候，眼神中流露出來的敵意像是想把對方殺死一般。而她的這種敵意，也反過來招致這些女性的敵意。然後她就發現，自己很難得到男性職場圈的認可，同時也被女性職場圈所排擠。於是她把自己活生生地變成了一個職場中性人，在兩個團體之間的狹小空間裡進退維谷。

這些被壓抑的隱痛，不僅影響了親密關係的建立和維持，影響了社會環境下的兩性相處，更是對她女性自我的身分認同產生了深遠影響，讓她很難對自己女性的身體、情感和精神進行體驗和表達。而那些從小在潛意識裡就強烈渴望成為女性的人，會經歷從女孩到女人各個階段的感知覺深度體驗，然後從外在上進行眼神、身段、語言、穿衣的表達。她們會時刻對著這個世界，表達出對於自己女性身分的享受和驕傲。

⋯⋯⋯⋯⋯ 尋找靈魂伴侶 ⋯⋯⋯⋯⋯

在婚姻方面，她的情緒慢慢在諮商師的陪伴下得到了調整，特別是減少了對自己丈夫的挑剔、指責和對抗。她也發

現，當她用自己的優秀去苛責對方的時候，其實也是在無形地控制和占有對方。而當她試著去鬆手，她和丈夫也慢慢找到了彼此獨立而穩定的相處方式。而在這種狀態下，她也會感到悵然失意。因為她看清了一個殘酷的現實，原來自己的另一半可能並不是自己一直要找的那個靈魂伴侶。

人們需要排遣寂寞，於是靈魂伴侶就成了最好的寄託和指望。可是當我們在人生路上越往高處走，越往深處走，就會發現很多時候很難有人能夠一直陪伴著我們前行。當來訪者體驗著事業上的登高和征服的快意時，自己的另一半享受的卻是朝九晚五的現世穩定。然後她就發現，不知不覺中十幾年過去了，他們兩個人並沒有像她最初所想的那樣攜手前行。此時此刻的她像是一個手握屠龍寶劍去披荊斬棘的女戰士，而對方還是當年那個安穩度日的大男孩。

於是人們開始感嘆，寂寞無從驅逐，也無從排遣。在這種狀態下，來訪者也在諮商室裡對諮商師保持著十分明確的邊界感。直到後來她慢慢嘗試去開啟自我，開始在諮商室裡展現眼淚，表達情感。然後她發現，寂寞終要走向孤獨，人終要學會沉浸在孤獨的自我狀態裡。後來的她也開始去尋找自己的靈魂伴侶，這個靈魂伴侶並不局限於男女之情，而是存在於更廣闊的人生空間裡，它可以是朋友、親人、老師，也可以是事業、愛好、信仰。學會與它為伴，與它為伍，與

它為友，你還會欣然發現，它能回應情感的衝動，撫慰內心的空虛，形成精神的共振。原來我們一直想要驅散的孤獨，反而於如影隨形中，滿足了我們無限的需求和想像。人生短暫，也許我們終其一生的靈魂伴侶就是孤獨。

孤獨渴望被看見

世界太大，個體太小。即使人類能獨立行走於天地間，仍然會有很多事情是自己一個人難以承受的。當我們往生命深處走的時候，我們對於這種矛盾的體會便會更深：渴求孤獨，卻也渴求人群。這種自由與熱鬧之間的自我糾結，像是一種無比脆弱卻又深植於心的群體宿命。

而這種孤獨本身，也渴望被看見，渴望被他人關注。當這位來訪者處於年薪數百萬的職業巔峰時，處於長期以來的孤獨之中的她更是渴望得到他人的欣賞和認可。對於事業有成的人來說，很多成癮行為是有利於他們的孤獨感被看見的，比如奢侈品成癮、名車名錶名畫收藏成癮等等。這些外在的成癮行為能夠讓他們在人群中得到他人目光的停駐，從而讓孤獨得到一定程度的滿足和釋放。可是她並沒有找到讓自己成癮的具體事物，那她就會訴諸情感，渴望找到另一個生命個體來被看見。

所以心理諮商背後的意義價值就在於看見來訪者內心的孤獨，然後陪伴他們更好地去體驗人生。這位來訪者的諮商做了將近十年，從最開始不定期的諮商，到後來長期穩定的每半個月來諮商一次，再到近幾年每當有了人生重大進展就來和諮商師分享。這樣的一段生命歷程，就是一種長期的內在自我探索。對於這種進行相對長期諮商的來訪者而言，她和諮商師之間的關係發展到了後期，更像是兩個生命之間平行而相互的支持和陪伴。

　　人類渴望探索，走到大漠深處也好，走到森林深處也好，這種空間上的探索是人類靈魂的共性。越是人跡罕至的地方，人越會體驗到自我存在的渺小，感受到內在孤獨的強烈。所以我們會說，孤獨是深植於人類潛意識中的本性。可是當人類不懼怕走向外太空的同時，人類也時刻需要愛與陪伴，正如氧氣與能量一般，是宇宙探索行動得以維持的生命必需品。於是當人們探索歸來，還是會嚮往群體，投入群體的懷抱。我們既需要家庭朋友，也需要部落組織，還需要民族國家。讓自己置身於各式各樣的團體關係裡，這也是孤獨的一種存在形態。

·············· **面對生命的常態** ··············

　　後來隨著這位來訪者事業的慢慢發展，她也漸漸呈現出一種非常孤獨的生命狀態。她會在諮商室裡去探討她難以宣洩的孤獨。她經常會在諮商室裡面模擬重現自己如何把辦公室政治鬥爭玩得如魚得水的情形，還有如何巧妙地透過語言和行動不僅保護了自己的利益，同時還讓對方獲得利益。這些遊刃有餘的背後，隱藏著的是她宣洩孤獨的出口。

　　成功者的幸福往往被世人賦予了太多的意義和動力，甚至有時候，成功者的不幸福是不被允許的，不能夠存在的。在外人眼中，她的事業成就高度令人仰望，她的婚姻長久穩固，她的孩子學業有成。

　　可是，散發的光環越是閃耀，那些人性中的痛苦、不幸、絕望以及孤獨，就越難以被人們所看見。於是這種難以言說的孤獨，就只能留給自己去消化，還有就是拿來和諮商師一起探討。

　　我們會看到，如今越來越多的人開始關注起自己內心的孤獨狀態，然後尋求希冀與解脫。現代人享受孤獨，於是把自己活生生地變成了容器生物。上班時，辦公大樓裡貼著門牌標籤以示占有和區別的辦公室是容器；下班後，車流湧動中不斷匯集卻又不斷交錯的車輛也是容器；回家後，彼此

連接卻又相對隔斷的私人房間也是容器。人們從一個容器裡不斷地跳進另一個容器裡，可是好像一直也沒找到希冀與解脫。

　　直到我們發現，孤獨在我們內心深處是一種常態。它有時是霓虹閃爍，有時是漫漫長夜，有時是日暮夕陽；它有時又會幻化成人形，成為我們的朋友知己、親密愛人、對手仇敵，還有靈魂伴侶。它以變幻萬千的形式出現在我們眼前，讓我們想躲也躲不掉。你可以與之隔離，可以與之交鋒，也可以嘗試與之為伴。嘗試和孤獨一起，攜手經歷那些苦難與繁華的時刻，貧瘠與豐盛的歲月。

電子書購買

爽讀 APP

國家圖書館出版品預行編目資料

婚姻共生學，複雜親密關係背後的心理成因：
假想阻礙、焦慮傳遞、不配得感……從心理創
傷到情感復原，如何在愛中治癒自己與他人？
/ 馬澤中，劉曄 著 .-- 第一版 .-- 臺北市：樂律
文化事業有限公司 , 2024.06
面；　公分
POD 版
ISBN 978-626-98687-6-6(平裝)
1.CST: 婚姻 2.CST: 兩性關係 3.CST: 情感
544.3　　113007551

婚姻共生學，複雜親密關係背後的心理成因：假想阻礙、焦慮傳遞、不配得感……從心理創傷到情感復原，如何在愛中治癒自己與他人？

臉書

作　　　者：馬澤中，劉曄
責 任 編 輯：高惠娟
發 行 人：黃振庭
出 版 者：樂律文化事業有限公司
發 行 者：崧博出版事業有限公司
E - m a i l：sonbookservice@gmail.com
粉 絲 頁：https://www.facebook.com/sonbookss/
網　　　址：https://sonbook.net/
地　　　址：台北市中正區重慶南路一段 61 號 8 樓
8F., No.61, Sec. 1, Chongqing S. Rd., Zhongzheng Dist., Taipei City 100, Taiwan
電　　　話：(02) 2370-3310　　傳　　　真：(02) 2388-1990
律師顧問：廣華律師事務所 張珮琦律師
定　　　價：299 元
發 行 日 期：2024 年 06 月第一版
◎本書以 POD 印製
Design Assets from Freepik.com